Reichsgerichts-Entscheidungen

in kurzen Auszügen

Herausgegeben vom

Deutschen Richterbund

Strafsachen — Band 61

1 9 2 9

München, Berlin und Leipzig

J. Schweitzer Verlag (Arthur Sellier).

Printed in Germany

Druck von Dr. F. P. Datterer & Cie., Freising-München

Von dieser Sammlung erschienen folgende Bändchen:

I. Zivilsachen:	Bd.	76—100	. . .	je RM.	0.80
	„	101—109	. . .	je RM.	1.—
	„	110—119	. . .	je RM.	2.—
Serien:	„	76—119	mit Reg. 83—119	zus. RM.	42.—
	„	81—119	mit Reg. 83—119	zus. RM.	40.—
	„	91—119	mit Reg. 83—119	zus. RM.	32.—
Gesamtregister zu Band		83—119	. . . .	RM.	6.—
I. Strafsachen:	Bd.	45—55	. . .	je RM.	0.80
	„	56—58	. . .	je RM.	1.—
	„	59—60	. . .	je RM.	2.—
Serie:	„	45—60	. .	zus. RM.	14.—
Gesamtregister zu Band		45—60	. . . .	RM.	3.70

Jedes Bändchen entspricht einem Bande der amtlichen Sammlung.

1. **Untreue. Vollmacht. Auftrag. Beamter. Sparkasse. Verfügung.** (StGB. § 266; BGB. §§ 164, 177, 622.) Dem Direktor einer Kreissparkasse war die Erledigung der Kassengeschäfte sowie die Buch- und Rechnungsführung übertragen. Die Verwendung der verfügbaren Gelder der Kasse zur Kreditgewährung war dem Vorstand vorbehalten, dem der Direktor als beratendes Mitglied angehörte. Der Vorsitzende des Vorstands bevollmächtigte unbefugt den Direktor, ohne Zustimmung des Vorstandes, Kredit auch an sich selbst, zu gewähren. Dieser machte von der Ermächtigung mehrfach Gebrauch. Er wurde wegen Untreue verurteilt. Seine Revision wurde verworfen. Mit Recht war der Angeklagte als Bevollmächtigter der Sparkasse angesehen worden. Dieser Begriff setzte nicht notwendig eine Vollmacht im Sinne des Bürgerlichen Gesetzbuchs voraus, sondern nur ein Vertrauensverhältnis zwischen zwei Personen, vermöge dessen die eine zur offenen oder versteckten rechtsgeschäftlichen Vertretung der anderen bestellt ist und hierdurch die in der Natur des Verhältnisse begründete rechtliche oder doch tatsächliche Möglichkeit der Verfügung über das Vermögen der anderen Person besitzt und ausübt. Ein derartiges Vertrauensverhältnis war zwischen dem Angeklagten und der Sparkasse schon durch die Anstellung als Leiter der Sparkasse begründet worden, da nach der Satzung die Kassengeschäfte von ihm und unter seiner Leitung von den ihm untergebenen Beamten zu besorgen waren. Er war hiedurch in die Lage versetzt, durch Aufträge an diese Beamten über die flüssigen Mittel der Kasse zu verfügen. Im Verhältnis nach innen war er freilich verpflichtet, solche Verfügungen nur zu treffen, wenn die satzungsmäßige Voraussetzung hiefür, insbesondere für Kreditgewährungen die erforderlichen Vorstandsbeschlüsse vorlagen. Setzte er sich hierüber hinweg, so traf er seine Verfügungen gleichwohl auf Grund des Vertrauensverhältnisses, das ihm die Möglichkeit hiezu gab und das als Bevollmächtigung im Sinne des Strafgesetzes anzusehen war. Das Wesen der Untreue besteht gerade in der bei Berücksichtigung des inneren Verhältnisses als mißbräuchlich erscheinenden Anwendung der nach außen wirksamen Verfügungsmacht. Gleichgültig war dabei,

ob die Verfügungen nach außen rechtlich wirksam waren oder nur tatsächliche Vermögensschiebungen bedeuteten, die Rückforderungsansprüche für die Sparkasse begründeten. Der Umstand, daß der Angeklagte Beamter war und als solcher handelte, stand der Annahme eines Vollmachtsverhältnisses nicht entgegen; ebenso wenig konnte ihn die ihm vom Vorsitzenden des Vorstandes erteilte Ermächtigung zur Vornahme der Verfügungen entlasten, da er wußte, daß diesem hiezu die Befugnis fehlte. Die von dem Angeklagten erteilten Aufträge zu Zahlungen und zu dementsprechenden Buchungen enthielten für sich allein allerdings noch keine Verfügung über das Vermögen der Sparkasse, sie bildeten aber die Grundlage für die von dem Beamten mit Mitteln der Sparkasse bewirkten Zahlungen. Unerheblich war es dabei, ob die einzelnen Auszahlungen auf Grund besonderer Anordnung des Angeklagten oder auf Grund eines allgemeinen Auftrags bewirkt wurden. Den Zahlungen standen in jeder Hinsicht die Überweisungen gleich. Eine absichtliche Benachteiligung der Sparkasse war gegeben, wenn auch für diese ein Anspruch auf Rückzahlung oder Gegenleistung entstand, da dieser Anspruch den hingegebenen Werten mangels der satzungsmäßigen und auch im Bankverkehr üblichen Sicherheiten nicht gleichwertig war. Die Kreditgewährung fiel in eine Zeit unsicherer Wirtschaftslage und schwankender Währung; mehrfach wurde auch Kredit an unsichere neue Gründungen bewilligt. Daß der Angeklagte sich der Minderwertigkeit der entstandenen Ansprüche bewußt war, hatte das Urteil festgestellt. (I, 24. September 1926.) Amtl. Sammlg. S. 1—7.

Vgl. Bd. 41 S. 265.

2. **Uniform.** (StGB. § 360 Nr. 8.) Angehörige einer Vereinigung, die sich als „Rote Marine" bezeichnete, trugen eine Kleidung, die bis auf unbedeutende Unterschiede der Uniform der Reichsmarine glich und darum nicht nur für das Publikum, sondern auch für Angehörige des Heeres und der Polizei die Gefahr einer Verwechslung dieser Uniform begründete. Wegen des Gebrauchs dieser Kleidung bei einem öffentlichen Aufzug erfolgte Verurteilung. Die Revision wurde verworfen. Die Strafvorschrift dient dem Schutz der staat-

lichen Autorität dagegen, daß Personen durch Tragen von Uniformen fälschlich den Eindruck erwecken, Träger dieser Autorität zu sein. Das kann auch zutreffen, wenn die Uniform bei öffentlichen Aufzügen getragen wird. Ein Vorsatz, eine Verwechslung mit Angehörigen der Reichsmarine herbeizuführen, war nicht notwendig; es genügte das Bewußtsein, daß die Kleidung der staatlichen Uniform wesentlich glich. (III, 4. November 1926.)
Amtl. Sammlg. S. 7—9.

3. **Polizeiliches Protokoll. Verlesung in der Hauptverhandlung.** (StPO. §§ 249, 250.) Um einem Zeugen Gelegenheit zur Prüfung seiner Erinnerung zu geben, wurde eine Aussage, die ein anderer Zeuge im bahnamtlichen Ermittlungsverfahren unbeeidigt abgegeben hatte, verlesen. Das war zulässig. Es handelte sich bei der Verlesung nicht darum, durch sie Beweis über die von dem anderen Zeugen wahrgenommenen Tatsachen zu erheben, sondern um die Feststellung, daß der Zeuge zum bahnamtlichen Protokoll gewisse Erklärungen abgegeben hatte. Eines Gerichtsbeschlusses über die Verlesung bedurfte es nicht, da sie von keiner Seite beanstandet worden war. (III, 8. November 1926.)
Amtl. Sammlg. S. 9—10.

4. **Steuerhinterziehung. Tätige Reue. Berichtigung unrichtiger Angaben.** (RAbgO. § 374.) Wegen unrichtiger Angaben in einer Steuererklärung wurde ein Strafverfahren eingeleitet. Der Angeklagte berief sich darauf, daß er, bevor er angezeigt worden war, ein Berichtigungsschreiben an die Steuerbehörde abgesandt habe. Der Eingang des Schreibens bei der Behörde konnte nicht nachgewiesen werden. Die Verurteilung wurde bestätigt. Bei der Steuerbehörde ist eine Angabe erst dann berichtigt, wenn die Berichtigung bei ihr eingegangen ist; die bloße Absendung der Berichtigung genügt nicht. Es liegt im eigenen Interesse des Steuerpflichtigen, sich den Nachweis der erfolgten Berichtigung bei der Steuerbehörde zu sichern; tut er das nicht, so geschieht es auf seine Gefahr. Auf den Nachweis des Verschuldens an dem Nichteingang der Berichtigung kommt es nicht an. (II, 15. November 1926.)
Amtl. Sammlg. S. 10—12.
Vgl. Bd. 27 S. 148; Bd. 58 S. 83.

5. **Glückspiel. Betrug. Tateinheit.** (StGB. §§ 73, 263, 286.) In einem Gasthaus wurde von mehreren zu einer Bande vereinigten Personen häufig das sogen. Kümmelblättchenspiel veranstaltet, wobei andere Gäste zum Mitspielen bestimmt wurden. Das Spiel besteht darin, daß drei Karten, von denen die eine rote, die zwei anderen schwarze Zeichen auf der Vorderseite enthalten, verkehrt auf den Tisch geworfen werden, und der Spieler, der die rote Karte errät, seinen Einsatz erhöht zurückbekommt, der sie nicht errät, seinen Einsatz verliert. Das Berufungsgericht verurteilte einen der Spieler wegen gewerbsmäßigen Glückspiels in Tateinheit mit Betrug. Seine Revision hatte keinen Erfolg. Die Möglichkeit, daß die rote Karte erraten wurde, war nicht völlig ausgeschlossen; der Angeklagte hatte das nur durch irreführende Kunstgriffe erschwert. Das genügte, um den Begriff des Glückspiels zu erfüllen. Unter einem solchen ist ein Spiel zu verstehen, bei dem die Entscheidung über Gewinn und Verlust nicht, wie bei einem reinen Geschicklichkeitsspiel, von den Fähigkeiten und Kenntnissen, sowie der Aufmerksamkeit der Spieler, sondern allein oder doch hauptsächlich vom Zufall, dem Wirken unberechenbarer, dem Einfluß der Beteiligten entzogener Ursachen abhängt. Entscheidend sind die Vertragsbedingungen, die von dem einen Teil ausdrücklich oder durch schlüssige Handlungen angeboten, vom anderen Teil angenommen werden. Ergibt sich aus diesen, daß die Entscheidung über Gewinn und Verlust allein oder hauptsächlich vom Zufall abhängen soll, so liegt ein Glücksspiel vor. Ein geheimer Vorbehalt eines Teils nicht den Zufall, sondern einen dem anderen Teil nicht erkennbaren Kunstgriff entscheiden zu lassen, und ein diesem Vorbehalt entsprechendes Verhalten kann hieran nichts ändern. Mit dem Glücksspiel trifft Betrug zusammen, wenn der Veranstalter des Spieles allein oder gemeinschaftlich mit anderen Personen das Spiel als ein Glückspiel darstellt, die Möglichkeit seiner willkürlichen Einwirkung auf den Spielausgang aber verschweigt; er versetzt dann durch die Vorspiegelung einer falschen und die Unterdrückung einer wahren Tatsache die Mitspielenden in einen Irrtum über die Gewinnaussichten und bestimmt sie dadurch zur Hingabe und

Belassung von Einsätzen, denen die vorgespiegelten Gewinnaussichten nicht gegenüberstehen, also zu einer Verfügung, durch die ihr Vermögen geschädigt wird. (I, 19. November 1926.) Amtl. Sammlg. S. 12—17. Vgl. Bd. 21 S. 107.

6. **Militärstrafverfahren. Sitzungsprotokoll. Nachträgliche Berichtigung. Anfechtung des Gerichtsherrn.** (MStGB. § 335.) In dem Protokoll über die Hauptverhandlung vor einem Kriegsgericht war ein Zeuge nicht aufgeführt, auf dessen Aussage sich das Urteil stützte. Nachdem der Angeklagte sich in der Begründung seiner Revision hierauf berufen hatte, wurde auf Veranlassung des Gerichtsherrn das Protokoll berichtigt. Die Revision wurde verworfen. Für die ordentlichen Strafverfahren hat das Reichsgericht entschieden, daß eine Berichtigung des Sitzungsprotokolls, die nach Einlegung eines Rechtsmittels zu dessen Ungunsten vorgenommen worden ist, nicht berücksichtigt werden darf; für das Militärstrafverfahren gilt das nicht, wenn das Protokoll durch den Gerichtsherrn als unrichtig angefochten worden ist; diese Anfechtung ist auch noch nach Einlegung eines Rechtsmittels zulässig. (Feriensenat, 23. Juli 1926.) Amtl. Sammlg. S. 17—19. Vgl. Bd. 43 S. 1; RMG. Bd. 9 S. 35; Bd. 14 S. 225; Bd. 15 S. 281; Bd. 17 S. 151; Bd. 19 S. 163.

7. **Landesverrat. Versuch. Preßgesetz. Verjährung. Gesetzesauslegung.** (StGB. §§ 3, 4, 43, 59, 67, 92; PreßG. § 22). Der Schriftsteller Fechenbach, der unmittelbar nach der Revolution im bayerischen Ministerium des Äußern tätig war, übergab Urkunden, deren Geheimhaltung für das Wohl des Deutschen Reichs erforderlich war, dem Berichterstatter einer ausländischen Zeitung zur Veröffentlichung in dieser. Sie wurden nur zum Teil veröffentlicht. Er wurde wegen vollendeten und versuchten Landesverrats verurteilt. Im Wiederaufnahmeverfahren berief er sich auf Verjährung. Sie wurde nur für das vollendete Verbrechen als gegeben anerkannt. Die Taten waren im Inland und im Ausland verübt; sie wären nach dem deutschen Strafrecht auch dann zu beurteilen gewesen, wenn sie nur im

Ausland verübt worden wären. Nach dem Grundsatz der Garantie staatsbürgerlicher Freiheit und Rechtssicherheit mußten die deutschen Strafgesetze in vollem Umfang zur Anwendung kommen, auch insoweit, als sie die Verwirklichung der Strafdrohung von dem Vorliegen äußerer, auf ein Verschulden des Täters nicht zurückzuführender Umstände abhängig machen (Stellung eines Strafantrags, Verjährung). Die Folge des Eintritts der Verjährung der Strafverfolgung ist der Wegfall des Rechts des Staates zur Strafverfolgung, des staatlichen Strafanspruchs und demgemäß der Strafbarkeit der Tat. Die Verjährungsfrist des Preßgesetzes gilt nicht nur für strafbare Handlungen des Schriftleiters, Verlegers und Druckers, sondern auch für solche des Verfassers und folgerichtig auch für solche Personen, die eine zur Veröffentlichung bestimmte Urkunde, ein Aktenstück oder eine Nachricht der zuständigen Zeitungsstelle übermitteln. Diese Übermittlung bildet im Sinne des Preßgesetzes nur eine Vorbereitungshandlung und die notwendige Voraussetzung für das Erscheinen des Preßerzeugnisses und stellt mit der durch die Verbreitung des Blattes verübten Straftat eine und dieselbe Handlung dar. Gegenstand der Verfolgung war das durch die Veröffentlichung in der Pariser Zeitung verübte Verbrechen des Landesverrats, dessen Grundbedingungen der Angeklagte schon in München, also im Inland, gesetzt hatte. Diese einleitende und vorbereitende Tätigkeit bildete kein selbständiges Verbrechen, ging vielmehr in dem Verbrechen des Landesverrats vollständig auf und verjährte nach den gleichen Grundsätzen wie dieses. Das mußte auch dann gelten, wenn die Zeitung ausschließlich im Inland verbreitet worden war. Das Gesetz machte in dieser Hinsicht keinen Unterschied; daß die Erwägungen, die für die Einführung der kurzen Verjährung für die durch die Presse begangenen Straftaten bestimmend waren, für Veröffentlichungen im Ausland nicht immer zutreffen, daß insbesondere deren Verfolgung nicht immer so rasch und so leicht möglich ist wie bei den im Inland begangenen Straftaten, berechtigt nicht zu einer gegen den klaren Wortlaut verstoßenden Auslegung. Letzten Endes kommt es nicht darauf an, was der Gesetzgeber möglicherweise gedacht hat, sondern darauf, was er im Wortlaut des Gesetzes als seinen Willen zum Ausdruck gebracht hat. Die Strafbestimmungen des Preßgesetzes gelten aber nur für die durch die Presse begangenen strafbaren Handlungen, nicht auch für solche, die nur auf eine Veröffentlichung abzielen. Der Versuch einer Preßstraftat ist nach der Natur des Preßgesetzes ausgeschlossen; da die Ausführung erst mit der Verbreitung erfolgt, fällt der Anfang der Ausführung mit der Vollendung der Tat zusammen. Auf eine Tat, die nach dem Willen des Täters durch die Verbreitung einer Druckschrift vollendet werden sollte, aber nicht bis zur Vollendung fortschritt, findet das Preßgesetz keine Anwendung; soweit sie einen strafrechtlichen Tatbestand erfüllt, ist also die Frage der Verjährung nach dem allgemeinen Strafgesetz zu beurteilen. Die auffallende Erscheinung, daß ein versuchtes Verbrechen einer längeren Verjährung unterliegt, als ein vollendetes, findet ihre Erklärung darin, daß bei dem versuchten Verbrechen der Tatbestand nicht ohne weiteres so klar liegt wie beim vollendeten und daß es darum auch schwerer verfolgbar ist. Ob der Täter annahm, daß auch das versuchte Verbrechen der kurzen Verjährung unterliege, war gleichgültig; die Verjährung der Strafverfolgung ist kein Tatbestand, dessen Unkenntnis die Zurechnung zur Schuld ausschließt. (V, 1. November 1926.)

Amtl. Sammlg. S. 19—31.

Vgl. Bd. 22 S. 65, 221; Bd. 24 S. 270; Bd. 31 S. 211; Bd. 38 S. 71; Bd. 42 S. 88; Bd. 45 S. 158.

8. **Gefangenenbefreiung. Anstiftung.** (StGB. §§ 48, 120.) Ein Gefangener stiftete einen anderen Gefangenen an, ihm zur Selbstbefreiung behilflich zu sein. Gegen seine Verurteilung wandte er ein, daß Selbstbefreiung nicht strafbar sei, daß es also auch die Anstiftung dazu nicht sein könne. Das Reichsgericht bestätigte das Urteil. Die Rücksichtnahme des Gesetzes auf den Freiheitsdrang des Menschen hat wohl die Selbstbefreiung der Strafe entzogen, nicht aber solche Handlungen, durch die jemand als Anstifter Ursache der strafbaren Tätigkeit eines anderen geworden ist. Wegen der unselbständigen Natur der Anstiftung genügt es, wenn die Tatbestandsmerkmale der strafbaren Handlungen beim Haupttäter

gegeben sind; nicht erforderlich ist, daß die Handlung, wenn sie vom Anstifter selbst ausgeführt worden wäre, in gleicher Weise strafbar sein würde. Das Gleiche ist schon für die Selbstbegünstigung ausgesprochen worden. Das Handeln des Täters, durch das er sich aus eigener Kraft einer Strafe zu entziehen sucht, ist nicht strafbar; diese Straflosigkeit findet aber ihre Grenze in dem Verbote der Selbstbegünstigung durch Veranlassung weiterer, für sich bestehender Straftaten. Der angestiftete Gefangene hatte den Gefängniswärter überfallen, um ihm die Schlüssel zu entreißen. Das war ein Anfang der Ausführung der Befreiungshandlung, da hiedurch ein der Flucht entgegenstehendes Hindernis unmittelbar beseitigt werden sollte. Da nicht nachgewiesen war, daß der Anstifter die Anwendung von Gewalt wollte, war ihm deren Verübung mit Recht nicht angerechnet worden. (II, 22. November 1926.)

Amtl. Sammlg. S. 31—33.

Vgl. Bd. 3 S. 140; Bd. 4 S. 252; Bd. 23 S. 69; Bd. 25 S. 369; Bd. 53 S. 217; Bd. 57 S. 417; Bd. 59 S. 34; Bd. 60 S. 346.

9. **Betriebsratswahl. Hausfriedensbruch.** (StGB. § 123; BetrRG. § 47.) Ein Gewerkschaftssekretär verlangte, zu der in einer Fabrik stattfindenden Wahl des Betriebsrats zugelassen zu werden. Obwohl ihm der Pförtner den Eintritt verweigerte, drang er in den Wahlraum ein und blieb dort auch trotz mehrmaliger Ausweisung durch den Wahlvorstand. Der Eigentümer der Fabrik stellte Strafantrag wegen Hausfriedensbruchs. Das Berufungsgericht sprach den Angeklagten frei, weil er sich für berechtigt halten konnte, der Wahl beizuwohnen, auch der Strafantrag wegen unbefugten Verweilens im Wahlraum vom Wahlvorstand hätte gestellt werden müssen. Das Reichsgericht verwies die Sache zurück. Den Beauftragten der im Betrieb vertretenen wirtschaftlichen Vereinigungen der Arbeitnehmer ist eine Teilnahme nur an den Betriebsversammlungen gestattet; als solche sind nur Versammlungen zur Beratung von Betriebsangelegenheiten oder zur Anbringung von Wünschen und Anträgen, nicht aber Wahlversammlungen anzusehen. Die Freisprechung des Angeklagten hätte allerdings damit begründet werden können, daß er die Ver-

sammlung für eine Betriebsversammlung gehalten habe. In dieser Hinsicht fehlten tatsächliche Feststellungen. Das Strafantragsrecht stand dem Fabrikeigentümer nicht nur hinsichtlich des Betretens der Fabrik selbst, sondern auch hinsichtlich des Eindringens in den Wahlraum zu; er hatte dadurch, daß er diesen Raum für Wahlzwecke zur Verfügung stellte, sein Hausrecht nicht verloren. Auch wenn der Aufenthalt einer Person im Wahlraum erst dadurch zu einem unbefugten wurde, daß der Wahlvorstand sie aufforderte, sich zu entfernen, verletzte das rechtswidrige Verweilen das Hausrecht des Eigentümers, der nur denen, die nach dem Gesetze und nach dem Ermessen des Wahlvorstandes sich im Wahlraum aufhalten durften, dessen Benutzung gestattet hatte. Das Strafantragsrecht des Fabrikeigentümers bestand also neben jenem des Wahlvorstandes fort. (II, 22. November 1926.) Amtl. Sammlg. S. 34—36.

10. **Amtsunterschlagung. Öffentliche Urkunde. Eisenbahnversandbuch.** (StGB. § 348.) Das Versandbuch, das nach den Abfertigungsvorschriften bei der Eisenbahn zu führen ist, kann nicht als öffentliches Buch anerkannt werden. Die Abfertigungsvorschriften sind nur innere Dienstvorschriften; das Versandbuch begründet also nicht kraft Rechtsvorschrift Beweis für und gegen jedermann, wie das für den Begriff der öffentlichen Urkunde erforderlich ist. Für das Postannahmebuch ist die Rechtslage eine andere. (III, 22. November 1926.)

Amtl. Sammlg. S. 36—37.

Vgl. Bd. S. 21 S. 310; Bd. 42 S. 233; Bd. 52 S. 268.

11. **Betrug. Amtsunterschlagung. Straflose Nachtat. Tateinheit.** (StGB. §§ 73, 246, 263, 350, 351, 353.) Einem Beamten wurden Gelder zur Auszahlung an Sozialrentner überwiesen. Er zahlte einem Teil der Rentner nicht die ihnen zukommenden Beträge aus, ließ sie gleichwohl mittels Täuschung über die vollen Beträge quittieren und legte die Quittungen mit der ihnen entsprechenden Zahlungsliste seiner Behörde als Beleg für die Verwendung der Gelder vor; die nicht ausbezahlten Teilbeträge behielt er für sich. Er wurde wegen Unterschlagung im Amt in Tateinheit mit Betrug verurteilt. Seine Revision wurde verworfen. Sie war darauf ge-

stützt, daß er sich die innebehaltenen Beträge schon durch sein betrügerisches Verhalten gegen die Rentenempfänger zugeeignet gehabt habe, also an ihnen nicht auch noch eine Unterschlagung habe begehen können. Diese Ausführung ließ außer Auge, daß in dem betrügerischen Verhalten des Angeklagten noch keine Zueignung des zurückbehaltenen Geldes lag. Den Gewahrsam an diesem hatte der Angeklagte ohne Straftat durch die Überweisung erhalten; erst nachdem er durch die Täuschung der Rentner bewirkt hatte, daß das Geld in der Kasse geblieben war, setzte er durch dessen Herausnahme seinen Zueignungswillen in die Tat um. Durch den Betrug war dieser Zueignungswille noch nicht verwirklicht, sondern nur der Verwirklichung nähergebracht. Die Herausnahme war also nicht eine straflose Nachtat. Das Reichsgericht hat wiederholt entschieden, daß eine Unterschlagung nicht begangen werden kann an einer Sache, deren Besitz oder Gewahrsam der Täter durch eine Straftat erlangt hat, wenn er durch diese Tat zugleich die Absicht der rechtswidrigen Zueignung betätigt hat, wohl aber, wenn er durch eine ohne Zueignungsabsicht verübte Straftat Besitz oder Gewahrsam erlangt hat und sich die Sache später rechtswidrig zueignet. Keiner der beiden Fälle traf hier zu. Ob Tateinheit zwischen Betrug oder Amtsunterschlagung hätte angenommen werden können, konnte auf sich beruhen, da durch die gegenteilige Annahme der Beklagte nicht beschwert war. Auch die Nichtanwendung der Vorschrift über unzulässige Abzüge (§ 353 Abs. 2) beschwerte den Angeklagten nicht. Seine Anwendung hätte die Vorschriften über Amtsunterschlagung (§§ 350, 351) keinesfalls ausräumen können, weil hier nicht Gesetzeseinheit, sondern je nach der Sachlage Tateinheit oder Tatmehrheit besteht; § 353 setzt eine rechtswidrige Zueignung der zu Unrecht abgezogenen Gelder nicht notwendig voraus. (II, 22. November 1926.)

Amtl. Sammlg. S. 37—40.

Vgl. Bd. 15 S. 426; Bd. 17 S. 321; Bd. 22 S. 306; Bd. 60 S. 65.

12. **Schöffengericht. Vorsitzender.** (GVG. §§ 59, 62.) Ein Landgerichtsdirektor wurde durch das Präsidium des Landgerichts zum Vorsitzenden der Strafkammer, die über die Berufungen gegen die Urteile der

Schöffengerichte zu urteilen hatte, außerdem durch die Landesjustizverwaltung zum Vorsitzenden eines dieser Schöffengerichte bestellt; er war demgemäß von der Mitwirkung bei der Entscheidung des Berufungsgerichts in allen Sachen ausgeschlossen, in denen er beim angefochtenen Urteil mitgewirkt hatte. Das Reichsgericht entschied, daß diese Sachbehandlung gegen keine gesetzliche Vorschrift verstoße. Verlangte man, daß der Beschluß des Präsidiums nach dem Erlaß der Landesjustizverwaltung hätte geändert werden müssen, so würde dieser damit ein unzulässiger Einfluß auf die Geschäftsverteilung eingeräumt; verlangte man dagegen, daß die Landesjustizverwaltung sich nach dem Beschluß des Präsidiums hätte richten sollen, so würde das ihr ohne Einschränkung eingeräumte Ernennungsrecht verkümmert. (III, 25. November 1926.) Amtl. Sammlg. S. 236.
Vgl. Bd. 55 S. 236.

13. Grundstückskauf. Unrichtige Preisangabe. Steuergefährdung. Notar. Unterlassungsvergehen. Verjährung. (RAbgO. §§ 196, 367, 377, 384; GrunderwStG. § 25.) Ein Grundstück wurde im Januar 1926 für 20 Millionen Mark verkauft; in der notariellen Urkunde wurde ein Kaufpreis von 8 Millionen angegeben, ebenso in der an das Steueramt erstatteten Anzeige. Der Notar wurde vom Berufungsgericht von der Beschuldigung der Steuerhinterziehung freigesprochen. Das Reichsgericht verwies die Sache zurück. Der Angeklagte war allerdings bei der Verbriefung des Kaufvertrags und bei der Anzeige an das Steueramt weder als Steuerpflichtiger noch als Vertreter eines solchen tätig geworden; dagegen hatte er, wenigstens bei der Verbriefung, in Wahrnehmung der Angelegenheiten der gesamtschuldnerisch steuerpflichtigen Vertragsparteien gehandelt. Kraft seines Amtes hatte er bei der Verbriefung den ihn damit beauftragenden Beteiligten gegenüber die Pflicht, dafür zu sorgen, daß ein gültiger Vertrag beurkundet, namentlich also auch, daß dessen Gültigkeit nicht durch Verheimlichung des vereinbarten Kaufpreises gefährdet wurde; in Ausübung der ihm obliegenden Belehrungspflicht mußte er, soweit dazu ein Anlaß bestand, die Beteiligten auf die bürgerlich-rechtlichen und strafrechtlichen Folgen einer Kaufpreisverheimlichung hinweisen. Hiernach war zu prüfen, ob dem Angeklagten nicht wenigstens eine Fahrlässigkeit bei der Wahrnehmung der Angelegenheiten der Steuerpflichtigen und bei der Anzeige an das Steueramt zur Last fiel. Damit war der Tatbestand einer Steuergefährdung erfüllt, wenn sein Verhalten zu einer Verkürzung der Grunderwerbsteuer beitrug. Die Steuerpflicht entstand durch wirksame Eintragung des Eigentumsübergangs im Grundbuch; ob diese schon erfolgt war, ergab sich aus dem Urteil nicht. Schließlich hätte auch noch geprüft werden müssen, ob sich der Angeklagte nicht zum Mindesten bei der Erstattung der Anzeige an das Steueramt einer Ordnungswidrigkeit schuldig gemacht hatte. Die Strafverfolgung dieser Ordnungswidrigkeit war nicht verjährt, da es sich um eine Verfehlung durch Unterlassung handelte und die Verjährung solange nicht lief, als die Unterlassung fortdauerte, also weder die Richtigstellung der unrichtigen Anzeige nachgeholt oder infolge der Einleitung einer Untersuchung gegenstandlos geworden war. (II, 25. November 1926.)

Amtl. Sammlg. S. 42—45.

Vgl. Bd. 59 S. 6, 115, 401; RGZ. Bd. 85 S. 337, 409; Bd. 95 S. 217; Bd. 100 S. 284.

14. **Verführung. Strafantrag. Vertretung.** (StGB. § 61, 182; BGB. § 1706.) Wegen Verführung eines noch nicht 16 Jahre alten Mädchens stellte dessen Stiefvater Strafantrag; er hatte dem Mädchen, einem unehelichen Kind seiner Ehefrau, seinen Namen erteilt. Das Reichsgericht erkannte den Strafantrag als gültig an. Der Antragsteller hatte gegenüber dem Mädchen, das mit ihm und seiner Frau in häuslicher Gemeinschaft lebte, die Stellung eines Pflegevaters und hatte sich an der Sorge für seine Person beteiligt, als ob es seine leibliche Tochter wäre. Unter solchen Umständen war seine Erklärung, daß er den Strafantrag im Einverständnis mit seiner Frau und in ihrem Auftrag gestellt habe, ohne weiteres als glaubhaft und wahr anzusehen. War er aber zur Stellung des Strafantrags von der als Elternteil hiezu berufenen Ehefrau ermächtigt, so daß er durch den Strafantrag ihre eigene Willenserklärung auftragsgemäß weitergab, so entfielen Bedenken

gegen die Gültigkeit des Strafantrags, auch wenn der Nachweis der Ermächtigung erst nach Ablauf der Antragsfrist erbracht wurde; daß der Wille, in fremdem Namen zu handeln, aus dem Antrag nicht erkennbar hervorging, machte nichts aus. (II, 25. November 1926.) Amtl. Sammlg. S. 45—47.

15. **Bank. Geschäftsmäßigkeit. Gewerbsmäßigkeit.** (KapFlG. §§ 1, 20.) Ein Kaufmann, der als Inhaber eines Bankgeschäftes im Handelsregister eingetragen war, vermittelte für eine ausländische Bank Devisengeschäfte. Er wurde wegen eines fortgesetzten Vergehens gegen das Kapitalfluchtgesetz verurteilt, weil er auf inländische Währung lautende Zahlungsmittel ohne die Vermittlung von Banken ins Ausland versandt habe. Seine Verteidigung, daß er selbst ein Bankgeschäft betreibe, drang nicht durch. Er hatte sein Geschäft in engstem Umfang betrieben, keinen eigenen Geschäftsraum, keine Angestellten gehabt und keine ordnungsmäßigen Handlungsbücher, sondern nur ein kleines Kassabuch geführt; hiernach war angenommen worden, daß er seine Bankgeschäfte nicht geschäftsmäßig betrieben habe. Seine Revision hatte Erfolg. Nach der Verordnung vom 21. November 1918 über Maßnahmen gegen die Kapitalabwanderung in das Ausland durften Wertpapiere nur durch Vermittlung von Banken nach dem Ausland versandt werden; als Bank galten nur Personen und Einrichtungen, die gewerbsmäßig Bankgeschäfte betrieben. Das Gesetz gegen die Kapitalflucht vom 8. September 1919 bezeichnete als Bank alle Personen und Unternehmungen, die geschäftsmäßig Bankgeschäfte betrieben. Die Ursache der Änderung ist der Begründung des Gesetzes nicht zu entnehmen. Geschäftsmäßig ist eine Tätigkeit, der die Absicht zugrunde liegt, sie in gleicher Art auf die Dauer auszuüben und sie zu einem dauernden regelmäßigen Bestandteil seiner Beschäftigung zu machen; den Gegensatz bildet eine gelegentliche Tätigkeit. Zum Begriff der Gewerbsmäßigkeit gehört weiter die Absicht des Erwerbs. Die Änderung der Fassung hat also die Bedeutung, daß nicht mehr ein fortgesetzter, auf Erreichung eines Gewinnes gerichteter Betrieb vorausgesetzt wird, der den Entschluß erkennen läßt, dieselben Handlungen zur Gewinnerzielung in der Zukunft zu wieder-

holen, daß vielmehr ein nicht nur gelegentlicher, sondern auf regelmäßige Wiederkehr berechneter Betrieb ausreicht, für den auch besondere Betriebseinrichtungen bestehen. Hiernach war das Unternehmen des Angeklagten als Bank anzuerkennen. (II, 25. November 1926.)

Amtl. Sammlg. S. 47—57.

Vgl. Bd. 43 S. 210; Bd. 50 S. 118; Bd. 55 S. 31.

16. Unlauterer Wettbewerb. Zugabe. (UnlWG. § 4.) Eine Kaffeerösterei brachte Kornkaffee in zwei Ausgaben in den Handel, von denen die eine 40 Pfg., die andere 45 Pfg. das Pfund kostete; der teuereren Ausgabe waren Gutscheine beigegeben, die in bestimmter Anzahl zum unentgeltlichen Bezug von Gebrauchsgegenständen verschiedener Art, namentlich Tischgeschirr, berechtigten. Das Schöffengericht sprach die Fabrikanten von der Anklage unlauteren Wettbewerbs frei; das Reichsgericht verwies die Sache zurück. Im allgemeinen unterliegt der Kaufmann in seinen Angeboten an die Kundschaft keinen gesetzlichen Beschränkungen über Menge, Güte und Preis der angebotenen Waren; er kann so viel, so gut und so billig anbieten, wie er will, wenn er nur sich davon ferne hält, in dem Kunden unrichtige Vorstellungen über den Inhalt seines Angebots zu erwecken. Das traf zu, wenn der Angeklagte dem Publikum wissentlich unwahr einredete, es erhalte die Hauptware einschließlich der Zugabe zum üblichen Preis der Hauptware. Die Gutscheine waren als Zugabe zu betrachten, da auf ihnen erklärt war, sie würden statt teuerer Zeitungsreklame gegeben; der Kunde erhalte Werte statt Worte. Die Kosten der Reklame muß der Geschäftsmann bei der Preisbemessung einrechnen; soweit er sie nicht durch Herabsetzung der Gestehungskosten oder Steigerung des Umsatzes ausgleichen kann, erhöhen sie den Durchschnittspreis der Ware. Auch die Verabreichung von Zugaben ist eine Form der Reklame. Die Angeklagten hatten den Käufern zwei Vergünstigungen zur Wahl gestellt: entweder den billigeren Preis für die Ware ohne Gutschein oder die Anwartschaft auf Zugaben für die Ware mit Gutschein. Hierin lag noch keine Irreführung, selbst wenn der die Ware mit Gutschein wählende Käufer im Einzelfall nicht wußte, daß er die gleiche Ware ohne Gutschein um billigeren Preis erstehen konnte. Ausschlaggebend war, ob der Verkäufer seiner Ware mit Zugabe zu einem Preis verkaufte, der sich innerhalb der Grenzen hielt, in denen Waren gleicher Art und Güte von Geschäften ähnlichen Ranges am gleichen Platz zur selben Zeit verkauft zu werden pflegen. Ein Händler, der sich die Reklamekosten spart und statt des hiefür in der Preisbemessung einzusetzenden Betrags, ohne den üblichen Preis zu erhöhen, Gutscheine für Zugaben aushändigt oder die Hauptware zu einem um den Wert der Zugabe (der Gutscheine) ermäßigten Preis abläßt, erweckt nicht nur den Anschein eines besonders günstigen Angebots, sondern er macht tatsächlich ein solches Angebot. Geht er aber in der Absicht, sich die Zugabe ganz oder zum Teil besonders bezahlen zu lassen, bewußt über den ortsüblichen Preis der Ware gleicher Art und Güte hinaus, so macht er durch das Versprechen, Werte statt Worte zu liefern, oder durch gleichbedeutende Anpreisungen die wissentlich unwahre Angabe, er biete dem Publikum außer dem, was die Konkurrenz biete, noch einen Mehrwert für das gleiche Geld und diese Angabe wäre geeignet, das Publikum von dem Aufsuchen einer reelleren Kaufgelegenheit abzuhalten, also irrezuführen. In diesem Fall wird auch die Absicht, den Anschein eines besonders günstigen Angebots zu erwecken, unschwer festzustellen sein. (III, 23. Dezember 1926.)

Amtl. Sammlg. S. 58—63.

17. **Vergällung von Branntwein.** (BranntwMonG. §§ 87, 92, 120.) Der zu ermäßigtem Preis bezogene und für den Genuß unbrauchbar gemachte Branntwein ist als vergällt anzusehen, gleichviel, auf welche Weise er für den Genuß unbrauchbar gemacht worden ist. (III, 2. Dezember 1926.) Amtl. Sammlg. S. 63—64.

18. **Sicherungsübereignung. Unterschlagung.** (StGB. § 246; BGB. § 933.) Auch bei der Sicherungsübereignung, die den Besitz unverändert läßt, geht das Eigentum vollwirksam auf den Erwerber über; die Besonderheit besteht nur darin, daß der Erwerber das Recht nur zu einem bestimmten Zweck erhält und dem Veräußerer zur Rückübertragung verpflichtet ist, sobald der Zweck erreicht ist oder sich erledigt hat. Vom wirtschaftlichen Standpunkt aus mag der Veräußerer weiter-

hin als Träger des Vermögensgegenstandes anzusehen sein und die Gefahr dafür zu tragen haben. An der rechtlichen Stellung des Treuhänders ändert das nichts. Wenn der Besitzer eine neue Sicherungsübereignung vornimmt, so eignet er sich eine fremde Sache zu und begeht damit eine Unterschlagung, auch wenn die neue Sicherungsübereignung rechtlich nicht wirksam ist. Im gegebenen Fall war noch in Frage gekommen, ob die Schuld, wegen der die erste Sicherungsübereignung vorgenommen worden war, zur Zeit der neuen Sicherungsübereignung noch bestand. Das machte nichts aus; auch mit dem Wegfall der Schuld ging das Eigentum nicht von selbst wieder zurück. (III, 20. Dezember 1926.)

Amtl. Sammlg. S. 65—66.

Vgl. RGZ. Bd. 45 S. 80; Bd. 63 S. 386; Bd. 84 S. 264; Bd. 91 S. 12; Bd. 94 S. 305; Bd. 96 S. 251.

19. **Ablehnung eines Richters.** (StPO. § 24). Ein Ablehnungsantrag wurde damit begründet, daß der abgelehnte Richter sich vor der Einleitung des Verfahrens wiederholt entrüstet über die abzuurteilende Tat ausgesprochen und geäußert habe, er werde als Richter wissen, wie er derartige unsaubere Geschäfte bestrafen müsse. Das Ablehnungsgesuch wurde als unbegründet abgelehnt. Die Revision des Angeklagten hatte Erfolg. Der abgelehnte Richter hatte erklärt, sich der angegebenen Äußerung nicht bewußt zu sein und sich für unbefangen zu halten. Demnach war davon auszugehen, daß er ohne Voreingenommenheit an die Sache herantrat. Auch wenn er sich außerdienstlich eine Meinung über die Sache gebildet hatte, verstand es sich für ihn auf Grund seiner Schulung im Richterdienst von selbst, daß eine solche an dem Mangel zuverlässiger Unterlagen leidende vorläufige Beurteilung bei der nunmehrigen amtlichen Befassung mit der Sache unbeachtet bleiben mußte. Für die Beurteilung eines Ablehnungsgesuchs kommt es jedoch vornehmlich auch darauf an, ob der Angeklagte bei verständiger Würdigung der Sachlage Grund zu der Befürchtung hat, der Richter werde in seinem Urteil nicht unbefangen sein. Hiezu war, wenn der Richter sich über die Sache nur in der gleichen Weise wie andere Personen geäußert hatte, kein Anlaß gegeben, wohl aber, wenn er das mit Entrüstung und

mit den vom Angeklagten behaupteten Worten getan hatte. Das Gericht hätte hiernach, da der Richter nur erklärte, sich der Äußerung nicht bewußt zu sein, Beweis darüber erheben müssen; erst wenn durch die Zeugenaussagen bestätigt war, daß die behauptete Äußerung nicht gefallen war oder wenigstens nicht die behauptete Schärfe hatte, konnte der Antrag zurückgewiesen werden. Bei der ungenügenden Grundlage des Gerichtsbeschlusses war für die Angeklagten der Grund zu der Befürchtung nicht ausgeräumt, die sie verständigerweise haben konnten. Es konnte ihnen nicht zugemutet werden, sich vor einem Richter zu verantworten und ein Urteil von ihm entgegenzunehmen, wenn sie sich vor diesem Richter wegen eines begründeten Mißtrauens in seine Unvoreingenommenheit selbst befangen fühlen mußten. (I, 30. Nov. 1926.)

Amtl. Sammlg. S. 67—71.

20. **Branntweinmonopol. Hinterziehung. Versuch. Vorbereitungshandlung.** (StGB. § 43; BranntwMonG. § 147; RAbgO. § 360.) Der Bezug von Sirup zum Zwecke der unerlaubten Branntweinbereitung wurde als Versuch der Hinterziehung des Branntweinaufschlags angesehen. Das Reichsgericht erklärte das für bedenklich. Der Bezug von unzulässigen Rohstoffen durch einen Brennereibesitzer enthält für sich allein noch keinen Versuch der Hinterziehung, sondern nur eine Vorbereitungshandlung für eine künftige Hinterziehung. Ein Versuch war aber darin zu erblicken, daß der Angeklagte einen Teil des Sirups schon mit Obstbranntwein oder Obsttrebern vermengt hatte. Dieser Versuch erstreckte sich auf die ganze Menge des bezogenen Sirups; der hinterzogene Aufschlag war darum von dieser ganzen Menge zu berechnen. (I, 3. Dezember 1926.)

Amtl. Sammlg. S. 71—72.

21. **Polizeiprotokoll. Verlesung in der Hauptverhandlung.** (StPO. §§ 249, 250, 254.) Trotz des Widerspruchs des Verteidigers wurde das Protokoll über die polizeiliche Vernehmung des Angeklagten verlesen, um einen Widerspruch mit seiner damaligen Angabe zu klären. Die hierauf gestützte Revision hatte keinen Erfolg. Zum Zwecke der Beweisaufnahme über ein Geständnis können Erklärungen des Angeklagten, die in einem richterlichen Protokoll enthalten sind, verlesen

werden. Hieraus ist nicht zu folgern, daß die Verlesung polizeilicher Protokolle schlechthin unzulässig ist; das Gegenteil ergibt sich aus der Vorschrift, daß Urkunden und andere als Beweismittel dienende Schriftstücke in der Hauptverhandlung verlesen werden können. Polizeiliche Protokolle sind vom Begriff der Urkunden im Sinne dieser Vorschrift nicht grundsätzlich ausgeschlossen; es ist daher nicht nur ihr Vorhalt, sondern auch ihre Verlesung, die eine besonders eindringliche Art ihres Vorhalts darstellt, zu dem Zweck zulässig, um festzustellen, daß ein Schriftstück dieses Inhalts vorhanden ist. Um die Gesetzmäßigkeit dieses Verfahrens außer Zweifel zu stellen, ist es allerdings angemessen, daß ausdrücklich hervorgehoben und im Sitzungsprotokoll beurkundet wird, daß die Verlesung nur zu diesem Zweck erfolgt ist. Als Beweismittel dafür, daß der Angeklagte bei seiner polizeilichen Vernehmung die beurkundeten Erklärungen wirklich abgegeben hat, darf das Protokoll nicht verwendet werden, es sei denn, daß der Angeklagte die Richtigkeit des Protokolls ausdrücklich zugibt. Beweismittel ist in diesem Falle die eigene Erklärung des Angeklagten, zu deren Bestandteil er den Inhalt des von ihm anerkannten polizeilichen Protokolls gemacht hat. Über die Bedeutung dieses Beweises hat das Gericht nach freier richterlicher Überzeugung zu entscheiden. Der Grundsatz der freien Beweiswürdigung gilt auch für den etwaigen Einwand des Angeklagten, seine Erklärungen seien in unzulässiger Weise erwirkt worden und entsprächen nicht der Wahrheit. Behauptet der Angeklagte, er habe die im Protokoll enthaltenen Angaben überhaupt nicht gemacht oder sie seien unrichtig beurkundet worden, so darf das Protokoll nicht für die richterliche Überzeugung verwertet werden, die Angaben seien wirklich gemacht worden; der Beweis hiefür darf vielmehr nur unter völligem Absehen von dem Inhalt des Protokolls durch andere Beweismittel, besonders durch zeugenschaftliche Vernehmung des Beamten, der das Protokoll aufgenommen hat, oder von Personen, die dabei zugegen waren, erhoben werden. Die Urteilsgründe müssen zweifelsfrei erkennen lassen, daß diese Grundsätze bei der Verwertung polizeilicher Erklärungen des Angeklagten beachtet worden sind. Ist das nicht der Fall, so unterliegt das angegriffene Urteil der Aufhebung. (II, 6. Dezember 1926.) Amtl. Sammlg. S. 72—76. Vgl. Bd. 14 S. 258; Bd. 18 S. 24; Bd. 20 S. 321; Bd. 38 S. 254; Bd. 54 S. 13; Bd. 60 S. 169; Bd. 61 S. 9.

22. **Abtreibung. Mildestes Strafgesetz. Wechsel der Gesetzgebung.** (StGB. §§ 2, 43, 49, 218.) Ein Mann, der im Januar 1926 bei einem Abtreibungsversuch mitgewirkt hatte, wurde hiewegen abgeurteilt, nachdem die Bestimmungen über die Abtreibung durch das Gesetz vom 18. Mai 1928 eine neue Fassung erhalten hatten. Das Gericht stellte fest, daß die Tat nach der früheren Fassung des Gesetzes als Beihilfe zum Versuch der Abtreibung zu beurteilen sei; da nach der früheren Fassung eine doppelte, nach der neuen Fassung aber nur eine einmalige Strafermäßigung einzutreten hatte, legte es der rechtlichen Verurteilung der Tat das alte, der Bemessung der Strafe aber das neue Gesetz zugrunde. Das erklärte das Reichsgericht für rechtsirrig. Als das mildeste Strafgesetz, das bei einem Wechsel der Gesetzgebung anzuwenden ist, muß jenes angesehen werden, wonach sich bei den besonderen Umständen des gegebenen Falles die Gesamtheit der je in dem einen oder dem anderen der Gesetze angedrohten Strafnachteile für den Angeklagten günstiger stellt. Dabei ist sowohl der gesetzliche Tatbestand wie der angedrohte Strafrahmen ins Auge zu fassen. Für den vorliegenden Fall war hiernach das neue Gesetz das mildere. Nach dem bisherigen Recht war der ordentliche Strafrahmen für die vollendete Abtreibung 1—5 Jahre Zuchthaus; die doppelte Strafermäßigung hätte einen Strafrahmen zwischen 34 Tagen Gefängnis bis zu 4 Jahren 10 Monten Zuchthaus ergeben, während nach dem neuen Recht bei nur einmaliger Strafermäßigung ein Strafrahmen von einem Tag bis zu 5 Jahren weniger 1 Tag Gefängnis zur Verfügung stand. Bei Zubilligung mildernder Umstände hätte sich nach dem früheren Recht ein Strafrahmen von 12 Tagen bis zu 5 Jahren weniger 2 Tagen Gefängnis ergeben; auch hier war das neue Gesetz für den Angeklagten günstiger. Demgemäß hätte ausschließlich das neue Recht angewendet werden sollen. (I, 14. Dezember 1926.) Amtl. Sammlg. S. 76—78.

Vgl. Bd. 58 S. 238.

23. Untreue. Verfügung über eine Forderung. (StGB. § 266.) Eine Bank berechnete ihren Kunden für die Ausführung von Effektengeschäften 2% Provision, ihren Angestellten aber nur 0,8%. Zwei Beamte der Bank berechneten auch für Geschäfte, die für Kunden ausgeführt wurden, nur 0,8%. Sie wurden wegen Untreue verurteilt; ihre Revisionen wurden verworfen. Der Anspruch der Bank auf 2% Provision wurde durch das Vorgehen der Angeklagten nicht gemindert; für den Tatbestand der Untreue reicht aber eine Veränderung des tatsächlichen Bestands der Forderung hin. Eine Verfügung zum Nachteil der Bank war schon darin zu finden, daß im Rahmen des geregelten Geschäftsverkehrs ein für sie entstandener Anspruch in die Geschäftsbücher mit einem zu niedrigen Betrag eingestellt und dadurch bewirkt wurde, daß er innerhalb des sich im übrigen ordnungsmäßig abspielenden Geschäftsbetriebs des Vollmachtgebers zu niedrig erschien und wahrscheinlich zu einer unzulänglichen Befriedigung des Vollmachtgebers führte. Daß sich die Angeklagten bewußt waren, für die Geschäfte nicht den ermäßigten Prozentsatz berechnen zu dürfen, war im Urteil festgestellt; wenn sie trotzdem die Gebühr zu dem ermäßigten Prozentsatz berechneten und die Bank um den Unterschied zwischen dem regelmäßigen und dem ermäßigten Satz verkürzten, handelten sie absichtlich zu deren Nachteil. (I, 17. Dezember 1926.) Amtl. Sammlg. S. 78—80.

Vgl. Bd. 39 S. 335; Bd. 46 S. 144.

24. Lohnsteuerhinterziehung. Haftung für Angestellte. Ordnungsstrafe. Fortsetzungszusammenhang. Verschulden. Irrtum. (RAbgO. §§ 359, 367, 377; StGB. § 59.) In einer Buchdruckerei waren in den Jahren 1924 und 1925 ungefähr 200 Angestellte und Arbeiter beschäftigt. Der Eigentümer leitete den Betrieb und war dadurch völlig in Anspruch genommen; die steuerlichen Angelegenheiten wurden, soweit sie die Angestellten betrafen, von seinem Vater, soweit sie die Arbeiter betrafen, von seinem Prokuristen besorgt. Er wurde wegen Hinterziehung der Lohnsteuer und wegen einer Zuwiderhandlung gegen die Reichsabgabenordnung zu einer Geldstrafe von 3000 Reichsmark verurteilt, weil die Lohnsteuer für die Angestellten und Arbeiter verspätet an das Finanzamt abgeliefert worden war. Das Urteil wurde damit begründet, daß der Angeklagte sich zwar auf die richtige Sachbehandlung durch seinen Vater und den Prokuristen haben verlassen dürfen, daß aber der Prokurist ihm alsbald nach Übernahme der Sache mitgeteilt habe, er sei wegen Mangels an Geldmitteln nicht in der Lage, die Lohnsteuerbeträge für die Arbeiter rechtzeitig abzuliefern, und daß er trotzdem für die rechtzeitige Ablieferung keine Sorge getragen. Hierin wurde eine Hinterziehung der Steuer erblickt. Hinsichtlich der Angestellten wurde nur eine Ordnungswidrigkeit angenommen, da dem Vorbringen des Angeklagten, er habe von der Nichtablieferung der Lohnsteuerbeträge keine Kenntnis gehabt, Glauben beigemessen wurde. Das Reichsgericht verwies die Sache zurück. Der Tatbestand der Lohnsteuerhinterziehung war nicht ausreichend nachgewiesen. Der Tatbestand einer vorsätzlichen Steuerhinterziehung in der Begehungsform der Verkürzung der Steuereinnahme wird nicht schon dadurch erfüllt, daß der Steuerpflichtige die Entrichtung fälliger Steuerbeträge unterläßt mit dem Bewußtsein, hiedurch den rechtzeitigen Eingang der Steuer zu verhindern und demgemäß eine, wenn auch nur zeitweilige, Steuerverkürzung herbeizuführen; hinzutreten muß vielmehr eine Steuerunehrlichkeit, insbesondere ein Verschweigen der Steuerpflicht mit dem Bewußtsein und dem Erfolg, daß die Steuerbehörde hiedurch über das Bestehen oder die Höhe des Steueranspruchs in Unkenntnis gehalten wird. Im vorliegenden Fall war hinsichtlich der von den Arbeitern herrührenden Lohnsteuerbeträge Meldung an das Steueramt erstattet worden; insoweit konnte von einer Verschweigung der Steuerpflicht keine Rede sein. Weiter kam noch in Betracht, daß der Angeklagte wegen der Größe seines Betriebs die Bearbeitung der Steuerangelegenheiten einem Angestellten übertragen durfte, wenn dieser sorgfältig ausgewählt, insbesondere in Steuersachen geschult war. Das traf für den Prokuristen zu; ob es auch für den Vater des Angeklagten galt, war nicht festgestellt. Wird bei einer solchen Sachlage durch schuldhaftes oder schuldloses Verhalten des Angestellten eine Steuerverkürzung bewirkt, so kann der

Eigentümer des Betriebs nur dann wegen Steuerhinterziehung oder Steuergefährdung bestraft werden, wenn die Prüfung des Einzelfalles ergibt, daß die Bewirkung der Verkürzung mit seinem Wissen und Willen begangen worden ist oder wenn er sie trotz des Umfangs des Betriebs bei Anwendung der Sorgfalt, die ihm nach den Umständen billigerweise zugemutet werden konnte, hätte voraussehen und verhindern können. Dem Angeklagten war wohl die verspätete Ablieferung der Lohnsteuerbeträge bekannt, es bestand aber die Möglichkeit, daß er von der Nichtanmeldung der Lohnsteuer für die Angestellten keine Kenntnis hatte und daß ihm in dieser Hinsicht auch keine Fahrlässigkeit zur Last fiel; das war anzunehmen, wenn er damit rechnete und rechnen durfte, das Steueramt sei durch den Prokuristen rechtzeitig über die Höhe der abzuliefernden Beträge unterrichtet worden oder habe sonstwie rechtzeitig Kenntnis davon erlangt. Auch die Verurteilung wegen Ordnungswidrigkeit ließ sich nicht halten. Eine Ordnungsstrafe darf nicht verhängt werden, wenn Strafausschließungsgründe vorliegen; dazu gehört auch der unverschuldete Irrtum über Tatumstände. Aus dem Begriff der Ordnungsstrafe läßt sich kein allgemein gültiger Grundsatz des Inhalts ableiten, daß es zu ihrer Verhängung nur einer objektiven Verletzung des an sich gebotenen regelmäßigen Zustandes bedürfe. Eine Bestrafung wegen Ordnungswidrigkeit ist zwar schon dann möglich, wenn der äußere Tatbestand einer Zuwiderhandlung gegen eine zur Sicherung der Steuer erlassene Vorschrift feststeht; der Nachweis eines Verschuldens ist nicht erforderlich, dieses wird vielmehr vermutet. Durch den Nachweis, daß ein Verschulden nicht vorliegt, wird aber die Bestrafung unmöglich gemacht. Wenn der Angeklagte infolge eines unverschuldeten Irrtums der Überzeugung war, die Lohnsteuerbescheinigungen seien jeweils rechtzeitig eingereicht und die Lohnsteuerbeträge rechtzeitig abgeliefert worden, durfte auch wegen Ordnungswidrigkeit eine Strafe nicht verhängt werden. Rechtsirrig war endlich die Zusammenfassung der Steuerhinterziehung und der Ordnungswidrigkeit zu einer fortgesetzten Handlung. Fortsetzungszusammenhang im Sinne des Strafrechts ist nur möglich zwischen gleichartigen Einzelhandlungen, die durch einen einheitlichen Vorsatz zusammengefaßt werden. Es kann daher eine Steuerhinterziehung, für die der Vorsatz der Steuerverkürzung wesentlich ist, nicht mit einer Ordnungswidrigkeit im Fortsetzungszusammenhang stehen, bei der ein solcher Vorsatz fehlt. (I, 14. Dezember 1926.)

Amtl. Sammlg. S. 81—89.

Vgl. Bd. 35 S. 309; Bd. 43 S. 393; Bd. 58 S. 130; Bd. 59 S. 281; Bd. 60 S. 182, 307.

25. **Urkundenfälschung. Zollstrafsachen. Steuerstrafsachen. Tateinheit. Tatmehrheit. Gesamtstrafe. Verfahren gegen Abwesende.** (StGB. §§ 73, 74, 267, 268; StPO. §§ 276, 277; RAbgO. §§ 383, 386, 387, 389, 390, 391, 411, 426, 437, 438, 462; BranntwMonG. § 151; VZG. §§ 134, 146, 158; EinfVO. § 2.) Branntwein war aus dem Ausland heimlich und unter Fälschung der Begleiturkunden eingeführt worden. Die Angeklagten legten gegen ihre Verurteilung wegen Konterbande, Steuerhinterziehung und Urkundenfälschung Revision ein, gingen aber dann ins Ausland flüchtig. Das hinderte das Revisionsgericht nicht an der Entscheidung. Das Steuerstrafverfahren ist in allen Fällen auch gegen Abwesende zulässig. Das gilt auch dann, wenn nicht nur wegen einer damit in Tateinheit bestehenden anderen strafbaren Handlung Anklage erhoben ist; es macht auch keinen Unterschied, ob die Strafe aus dem Steuergesetz oder aus einem anderen Gesetz zu entnehmen ist und demgemäß die Steuerbehörden oder die Staatsanwaltschaft für die Verfolgung der Sache zuständig sind. Die Urkundenfälschung stand mit dem Steuer- und Zollvergehen in sachlichem Zusammenhang. Auch das hinderte die Entscheidung des Revisionsgerichts nicht, da es der Anwesenheit des Angeklagten in der Revisionsverhandlung nicht bedurfte. Verbotene Einfuhr von Branntwein kann mit einer Hinterziehung des Monopolausgleichs tateinheitlich zusammentreffen. Das Berufungsgericht hatte das angenommen, aber die Strafe selbst ausgesprochen. Auch hiegegen bestand kein Bedenken. Im Sinne der Reichsabgabenordnung (§ 383) sind die Vorschriften des Vereinszollgesetzes keine Steuergesetze; nur für das Verfahren ist der Bannbruch (Konterbande) den Steuervergehen gleichgestellt. Die Sondervorschrift

des Vereinszollgesetzes (§ 158), wonach die Strafe wegen des Zollvergehens neben der Strafe für die damit in Tateinheit stehende strafbare Handlung auszusprechen ist, hat ihre Geltung auch neben dem Strafgesetzbuch und der Reichsabgabenordnung behalten. Wenn auf diese Weise für eine Handlung mehrere Freiheitsstrafen ausgesprochen werden, ist aus ihnen eine Gesamtstrafe zu bilden. (II, 16. Dezember 1926.)

Amtl. Sammlg. S. 89—92.

26. **Strafbarkeit juristischer Personen. Steuerstrafsachen.** (RAbgO. §§ 357, 377, 381, 382; BranntwMonG. §§ 120, 121, 144, 147.) Einer G.m.b.H. wurde unvergällter Spiritus zur Herstellung von medizinischen und kosmetischen Präparaten zu ermäßigten Preisen überlassen. Ein Angestellter der Gesellschaft gab einen Teil davon an eine Frau zur Herstellung von alkoholischen Getränken ab. Die beiden Geschäftsführer wurden wegen Ordnungswidrigkeit verurteilt; der eine beruhigte sich beim Urteil, die Revision des anderen hatte keinen Erfolg. Die Bestrafung wegen Hinterziehung tritt in solchen Fällen ein, ohne daß der Vorsatz der Hinterziehung festgestellt zu werden braucht und ohne daß es des Nachweises einer wirklich eingetretenen Verkürzung der Monopoleinnahme bedarf. Ist die Handlung in der Absicht der Hinterziehung begangen, so ist neben der Geldstrafe auf eine Gefängnisstrafe zu erkennen; wird dagegen festgestellt, daß der Täter ohne den Vorsatz der Hinterziehung gehandelt hat, so greift nur eine Ordnungsstrafe Platz. Dieser Nachweis war für die beiden Angeklagten erbracht worden. Es fragt sich, ob demgemäß nur die G.m.b.H. als solche oder neben ihr auch die beiden Geschäftsführer gestraft werden konnten. Wenn in Betrieben von juristischen Personen Steuerzuwiderhandlungen begangen werden, kann da, wo das Gesetz die Strafe für verwirkt erklärt, ohne daß ein Verschulden einer natürlichen Person festgestellt zu werden braucht, die Geldstrafe gegen die juristische Person selbst erkannt und diese in die Kosten des Strafverfahrens verurteilt werden. Diese Vorschrift gilt für alle Fälle, in denen das Vorliegen eines äußeren Tatbestands eine Rechtsvermutung für die Täterschaft der Hinterziehung bildet. Liegen diese Voraussetzungen vor, so kann die juristische

Person selbst als Täter behandelt und — namentlich, wenn die Verfolgung einer natürlichen Person auf Ermittlungsschwierigkeiten stößt oder unbillig erscheint — allein zur Verantwortung gezogen werden; die strafrechtliche Verantwortlichkeit und Verfolgbarkeit der für die juristische Person handelnden Vertreter und Angestellten wird jedoch, soweit sie überhaupt vorliegt, hiedurch weder ausgeschlossen noch eingeschränkt. Wenn sie verurteilt wird, haftet die juristische Person für die Strafen und Kosten. Der Beschwerdeführer hatte eine Ordnungswidrigkeit insoferne begangen, als er verpflichtet war, den der Gesellschaft nur für bestimmte Zwecke überlassenen Spiritus so sorgfältig zu verwahren, daß eine Verwechslung mit anderem Spiritus durch bloßes Versehen eines Angestellten ausgeschlossen war. (II, 16. Dezember 1926.) Amtl. Sammlg. S. 92—98.

27. **Steuerstrafbescheid. Zurücknahme. Verbrauch der Strafklage.** (StPO. § 411; RAbgO. §§ 426, 429.) Wegen Hinterziehung der Umsatzsteuer wurde ein Strafbescheid erlassen, aber, nachdem der Angeklagte gerichtliche Entscheidung beantragte, wieder zurückgenommen. In einem neuen Strafbescheid wurde auch wegen der in dem früheren Strafbescheid behandelten Tat eine Strafe festgesetzt. Das Landgericht entschied, daß hinsichtlich dieser Tat die Strafklage verbraucht sei. Die Revision der Steuerbehörde hatte Erfolg. Das Strafklagerecht der Staatsanwaltschaft erlischt nicht, wenn sie, nachdem gegen einen Strafbefehl Einspruch erhoben worden ist, die öffentliche Klage fallen läßt; es kann vielmehr neuerdings ein Strafbefehl beantragt oder Anklage erhoben werden. Gegen eine Ausdehnung dieses Grundsatzes auf den Strafbescheid der Steuerbehörde spricht, daß die Steuerbehörde, wenn gerichtliche Entscheidung beantragt wird, für das weitere Verfahren die Stellung eines Nebenklägers hat und daß eine zurückgenommene Nebenklage (ebenso wie eine zurückgenommene Privatklage) nicht wieder erhoben werden kann. Die Reichsabgabenordnung sieht aber ausdrücklich vor, daß nach der Zurücknahme eines Strafbescheids ein neuer Strafbescheid erlassen werden kann. Daran wurde auch durch den Umstand nichts geändert, daß nach der Zurücknahme des

Strafbescheids das Verfahren durch das Gericht eingestellt worden war. (II, 16. Dezember 1926.)

Amtl. Sammlg. S. 98—101.
Vgl. Bd. 8 S. 384.

28. **Pfandbruch.** (StGB. § 137; ZPO. §§ 804, 808.) Bei der Pfändung eines Kraftfahrrades klebte der Gerichtsvollzieher die Pfandmarke in die Satteltasche ein. Das Reichsgericht entschied, daß das nicht genügte, um eine rechtsgültige Pfändung zu bewirken. Mit Rücksicht auf die weittragende Wirkung des Pfändungspfandrechts verlangt das Gesetz für die Regel, daß durch Anlegung von Siegeln oder auf sonstige Weise die Pfändung ersichtlich gemacht wird. Diesem Erfordernis war nicht entsprochen; das Verfahren des Gerichtsvollziehers war eher geeignet, die Pfändung zu verbergen, als sie ersichtlich zu machen. Daran änderte die Erwägung des Urteils nichts, daß etwaige Kaufliebhaber das Rad einer Untersuchung unterzogen und hiebei die in der Satteltasche verborgenen Pfandsiegel entdeckt haben würden; damit war nur die Entdeckbarkeit, nicht die Ersichtlichmachung der Pfändung festgestellt. (III, 20. Dezember 1926.) (Amtl. Sammlg. S. 101—104.
Vgl. Bd. 16 S. 273; Bd. 32 S. 316; Bd. 36 S. 165; Bd. 60 S. 234.

29. **Rechtsanwalt. Rechtskundiger Verteidiger. Stillschweigende Willenserklärung.** (StPO. §§ 138, 139, 346; RAO. §§ 20, 26.) Ein Rechtsanwalt, dem die Einlegung einer Revision übertragen war, ließ sich in der Rechtsanwaltsliste streichen und erwirkte dann seine Zulassung bei einem anderen Gericht, war aber dort zu der Zeit, als er die Revision einreichte, noch nicht in die Rechtsanwaltsliste eingetragen. Das führte zur Verwerfung der Revision. Zu Verteidigern können die bei einem deutschen Gericht zugelassenen Rechtsanwälte gewählt werden; zugelassen sind aber nur die in der Rechtsanwaltsliste eingetragenen Rechtsanwälte. Wird ein Rechtsanwalt, der zum Verteidiger gewählt worden ist, nachher aus der Liste der Rechtsanwälte gestrichen, so kann er nicht mehr als Verteidiger tätig werden. Die Revision war auch dadurch nicht zu halten, daß dem Rechtsanwalt von einem neben ihm als Verteidiger gewählten Rechtsanwalt Untervollmacht erteilt worden

war. Der als Verteidiger gewählte Rechtsanwalt kann zwar die Verteidigung auf rechtskundige Personen übertragen, welche die erste Prüfung für den Justizdienst bestanden haben, und darin seit mindestens einem Jahre und drei Monaten beschäftigt sind, nicht aber auf rechtskundige Personen, die früher im Justizdienst beschäftigt oder als Rechtsanwalt tätig waren. Das Gesetz schreibt nicht vor, daß jemand, um nicht Verteidiger zu sein, vom Gericht zurückgewiesen werden muß, sondern es verlangt umgekehrt, daß er, um als Verteidiger auftreten zu können, vom Gericht zugelassen werden muß. Die Zulassung kann auch durch stillschweigende Handlungen erfolgen. Eine stillschweigende Willenserklärung ist aber nicht denkbar ohne einen entsprechenden Willen und dieser wiederum ist nicht möglich, ohne die Kenntnis der für die Willensbildung als Voraussetzung erforderlichen Tatsachen. In der unbeanstandeten Entgegennahme der Revisionsbegründung lag keine stillschweigende Zulassung des Unterzeichners als Verteidiger, weil damals dem Landgericht die Hinderungsgründe nicht bekannt waren. (III, 20. Dezember 1926.) Amtl. Sammlg. S. 104—107.

30. Betrügerischer Bankerott. Beiseiteschaffen. Versuch. Freiwilliger Rücktritt. (StGB. § 46; KO. §§ 15, 239; BGB. §§ 873, 878.) Im Juli 1925 wurde ein Grundstück verkauft. Der Kaufpreis wurde mit 6000 *RM* angegeben; er wurde bis zum Jahre 1931 zinslos gestundet. In Wirklichkeit war der Kaufpreis höher. Wegen Nichtzahlung der Gebühr unterblieb die Umschreibung. Schon vor dem Vertragschluß hatte der Verkäufer seine Zahlungen eingestellt; Ende Oktober 1925 wurde der Konkurs über sein Vermögen eröffnet. Er wurde wegen vollendeten Verbrechens des betrügerischen Bankerotts verurteilt. Seine Revision hatte Erfolg. In der Veräußerung eines Grundstücks kann ein Beiseiteschaffen im Sinne der Vorschriften über den betrügerischen Bankerott gefunden werden, wenn der durch die Veräußerung erzielte Gegenwert keinen entsprechenden Ausgleich bietet, insbesondere nicht sofort greifbar ist. Ein Beiseiteschaffen kann nicht nur in einer räumlichen Verschiebung liegen, durch die der Schein eines geringeren Vermögensbestandes hervorgerufen wird, sondern auch darin, daß ein Vermögensstück in eine rechtliche Lage versetzt wird, die es den Gläubigern unmöglich macht, es alsbald zum Zwecke der Befriedigung zu erreichen. Dieser Zustand ist aber erst dann hergestellt, wenn eine rechtswirksame dingliche Veränderung vorliegt. Bei Grundstücken genügt hiezu weder der Veräußerungsvertrag noch die Einigung über den Eigentumsübergang (Auflassung), vielmehr muß die Eintragung im Grundbuch dazu kommen. Allerdings wird die Auflassung, wenn sie für den Veräußerer bindend geworden, und der Eintrag auf Umschreibung gestellt worden ist, durch die Eröffnung des Konkurses über das Vermögen des Veräußerers nicht unwirksam; es kann also ein Grundstück bei dem diese Voraussetzungen vor der Konkurseröffnung erfüllt worden sind, nach der Konkurseröffnung durch Umschreibung der Konkursmasse entzogen werden. Solange aber die Umschreibung nicht erfolgt ist, gehört das Grundstück zur Masse, ist also den Gläubigern nicht entzogen; die Beiseiteschaffung ist noch nicht vollendet. In der Auflassung aber kann ein Anfang der Ausführung des Beiseiteschaffens gefunden werden; denn durch sie ist bereits eine notwendige Bedingung der Veräußerung erfüllt. Da wegen Versuchs schon zu strafen ist, wer den Entschluß, eine strafbare Handlung zu begehen, durch Handlungen betätigt, die nach seiner Vorstellung den Anfang der Ausführung enthalten, brauchte nicht geprüft zu werden, ob die Auflassung rechtswirksam war; daß der Angeklagte sie für rechtswirksam gehalten hatte, stand fest. Zu prüfen war aber, ob nicht ein freiwilliger Rücktritt vom Versuch vorlag. Hatte der Angeklagte von der Erfüllung der letzten in seiner Hand liegenden Bedingung für die Umschreibung und damit für den Vollzug der dinglichen Rechtsänderung, nämlich von der Zahlung der Gebühr Abstand genommen, ohne daran durch Umstände gehindert zu sein, die von seinem Willen unabhängig waren, so war er straflos. (I, 21. Dezember 1926.) Amtl. Sammlg. S. 107—109.

Vgl. Bd. 2 S. 118.

31. **Erschwerter Totschlag. Unternehmung. Tatmehrheit.** (StGB. § 214.) Zwei Männer und eine Frau wurden wegen Diebstahls durch einen Landjäger vorläufig festgenommen. Sie berieten sich über die Möglichkeit der Flucht. Die Frau bat die beiden Männer, sie

zurückzulassen, da sie keine hohe Strafe zu gewärtigen habe; der eine von ihnen erklärte aber, das tue er nicht, lieber schlage er den Landjäger ohnmächtig. Unmittelbar darauf versetzte er dem Landjäger mit einem Stock mehrere Schläge auf den Kopf. Dieser taumelte und griff nach seinem Revolver; daraufhin schoß er den Landjäger mit seiner Pistole nieder. Die Verurteilung wegen Widerstands gegen die Staatsgewalt in Tateinheit mit erschwertem Totschlag wurde nicht bestätigt. Das Schwurgericht hatte angenommen, der Angeklagte habe den Landjäger bei der Unternehmung der Gefangenenbefreiung vorsätzlich getötet, um das in dessen Person der Ausführung der Tat entgegenstehende Hindernis zu beseitigen. Das Reichsgericht entschied nicht, ob der Begriff der Unternehmung einer strafbaren Handlung außer der vollendeten Tat nur den Versuch im Sinne des Strafgesetzes umfaßt oder ob darunter auch gewisse Vorbereitungshandlungen fallen können. Im ersten Fall sprach gegen das Urteil, daß der Angeklagte zur Zeit der Abgabe des Schusses mit der Ausführung der beabsichtigten Gefangenenbefreiung offenbar noch nicht begonnen hatte, vielmehr das Schießen erst den Anfang der Ausführung darstellte. Der Tatbestand des § 214 StGB. setzt aber überhaupt, wenn er den bei Unternehmung einer strafbaren Handlung verübten Totschlag mit erhöhter Strafe bedroht, außer der Totschlagshandlung noch eine weitere natürliche Handlung voraus, die ihrerseits den Tatbestand einer unternommenen anderen Straftat erfüllt; es genügt nicht zu seiner Anwendung, daß durch die Tötungshandlung selbst außer dem Totschlag noch eine zweite Straftat unternommen wird. Der Angeklagte hatte durch dieselbe Handlung den Tatbestand des Totschlags und der Gefangenenbefreiung verwirklicht; er hatte die tödlichen Schüsse nicht bei der Unternehmung, sondern zum Zweck, als Mittel der Gefangenenbefreiung abgegeben. Auf einen solchen Tatbestand war der § 214 StGB. nicht anwendbar. (I, 21. Dezember 1926.) Amtl. Sammlg. S. 109—111. Vgl. Bd. 42 S. 266; Bd. 57 S. 51.

32. **Körperverletzung. Waffengebrauch. Tateinheit. Mindeststrafe.** (StGB. §§ 73, 223a, 228; MStGB.

§§ 16, 17, 29, 149.) Während seines Urlaubs versetzte ein Reichswehrsoldat mit seinem Säbel zwei Personen, die ihn durch abfällige Äußerungen über seinen Beruf gekränkt hatten, Hiebe und Stiche. Er wurde wegen zweier Vergehen der Körperverletzung in Tateinheit mit einem fortgesetzten Vergehen des rechtswidrigen Waffengebrauchs zu einer Gefängnisstrafe von einer Woche verurteilt. Das Reichsgericht verwies die Sache zurück. Rechtswidriger Waffengebrauch ist, vorbehaltlich der verwirkten höheren Strafe, mit einer Mindeststrafe von 43 Tagen bis zu einem Jahre bedroht. Der Hinweis auf die bewirkte höhere Strafe ist dahin zu deuten, daß bei tateinheitlichem Zusammentreffen von rechtswidrigem Waffengebrauch mit einer anderen strafbaren Handlung zwar die Strafe dem die schwerere Strafdrohung enthaltenden Strafgesetz zu entnehmen ist, daß aber die im milderen Strafgesetz vorgesehene Mindeststrafe nicht unterschritten werden darf, wenn das schwerere Strafgesetz für sich allein eine geringere Mindeststrafe zuließe. Diese Auffassung war früher, wenn auch nicht unbestritten, für alle Fälle der Tateinheit vertreten, ist aber vom Reichsgericht aufgegeben worden. Für den vorliegenden Fall hatte es aber bei dem als militärrechtliche Sondervorschrift geltenden Vorbehalt, daß bei tateinheitlichem Zusammentreffen nur auf die nach anderen Gesetzen verwirkte höhere Strafe, nicht aber auf eine geringere Strafe erkannt werden darf, sein Bewenden. (II, 23. Dezember 1926.) Amtl. Sammlg. S. 112—114.
Vgl. Bd. 3 S. 390; Bd. 8 S. 84; Bd. 53 S. 274; Bd. 59 S. 89.

33. **Arzt. Sachverständiger. Zeuge.** (StPO. §§ 72, 85, 244.) Einem Arzt wurde der Urin und Stuhlgang einer erkrankten Frau zur Untersuchung übersandt. Der Antrag, ihn als sachverständigen Zeugen zu vernehmen, wurde mit der Begründung abgelehnt, daß er nicht auf ein Zeugnis, sondern auf ein Sachverständigengutachten hinausgehe. Dieser Auffassung trat das Reichsgericht nicht bei. Es kam wohl im Endziel darauf an, welche Schlüsse aus dem Befund zu ziehen waren, aber das, was zum Gegenstand des Beweises gemacht wurde, war nicht dieser letzte Schluß, sondern vornehmlich die Tatsachen, die dem Gericht als Grundlage für diesen

Schluß nach Meinung des Antragstellers zu dienen geeignet waren. Diese Tatsachen beruhten auf Wahrnehmungen, die der Arzt in der Vergangenheit gemacht hatte und über die nur er auf Grund seiner Untersuchung, nicht aber ein anderer berichten konnte. Der Antrag auf Vernehmung des sachverständigen Zeugen durfte also nicht mit der Begründung abgelehnt werden, daß sie nach dem Ergebnis der Hauptverhandlung nicht mehr nötig sei. (II, 23. Dezember 1926.)

Amtl. Sammlg. S. 114—115.

34. **Steuervergehen. Tätige Reue. Anzeige. Steuerbehörde. Urteilsvoraussetzung. Grunderwerbsteuer.** (RAbgO. §§ 374, 433; GrunderwSt. § 31). Bei der Beurteilung des Kaufes eines Grundstücks wurde der Kaufpreis unrichtig angegeben. Der Käufer wurde als Eigentümer eingetragen. Zwei Jahre später beantragte die Verkäuferin den Erlaß einer einstweiligen Verfügung auf Eintragung eines Widerspruchs gegen die Richtigkeit des Grundbuchs; zuvor schon machte sie dem Finanzamt Anzeige von der unrichtigen Angabe. Sie wurde wegen Hinterziehung der Grunderwerbsteuer verurteilt. Das Reichsgericht verwies die Sache zurück. Zu der Zeit, da die Angeklagte die Anzeige an das Finanzamt machte, war sie weder angezeigt, noch war eine Untersuchung gegen sie eingeleitet. Das Landgericht hatte es gleichwohl abgelehnt, der Angeklagten den Strafaufhebungsgrund der tätigen Reue zuzubilligen, weil sie die Anzeige nicht aus Reue machte, sondern nur den Zweck verfolgte, das Grundstück wieder zu erlangen. Es kommt aber nur darauf an, ob in solchen Fällen der Rücktritt freiwillig erfolgt; der Beweggrund ist rechtlich ohne Bedeutung. Als weitere Voraussetzung für die Straffreiheit ist allerdings noch aufgestellt, daß der Täter die von ihm geschuldete Summe nach ihrer Festsetzung innerhalb der ihm bestimmten Frist entrichtet. Das kam aber im vorliegenden Fall nicht in Frage, weil die Gemeindebehörde die Genehmigung des Kaufes versagt hatte, ein rechtsgültiges Grundstückskaufgeschäft also nicht vorlag. Das hatte das Reichsgericht auf Grund einer Mitteilung des Bezirksamtes festgestellt; es bemerkte dazu, daß es sich hier um eine Urteilsvoraussetzung, um das

Vorliegen der Entscheidung einer anderen Behörde gehandelt habe, die das Urteil seinem Entscheidungsinhalt nach bedingte und wie eine sonstige Prozeßvoraussetzung zu behandeln war, deren Vorliegen daher auch noch in der Revisionsinstanz unter Benützung aller verfügbaren Erkenntnisquellen geprüft und deren Mangel ohne Rücksicht auf das Fehlen einer Verfahrensrüge von Amts wegen beachtet werden mußte. In Frage kam nur, ob die Berichtigung bei der Steuerbehörde im Sinne der Vorschrift eingegangen war. Diese Behörde war im gegebenen Fall nicht das Finanzamt, sondern das Bezirksamt; an dieses gelangte die Anzeige erst, nachdem inzwischen auch der Käufer Anzeige erstattet hatte. Nach der Auffassung des Reichsgerichts genügte es, wenn die Berichtigung bei einer Behörde, die im Bezirk der an sich zuständigen Steuerbehörde ihren Sitz hat und zur Erfüllung gleichartiger Staatsaufgaben wie diese berufen ist, so zeitig eingeht, daß sie bei einer im ordnungsmäßigen Geschäftsgang erfolgten Weitergabe an die an sich zuständige Steuerbehörde zu deren Kenntnis gelangt sein würde, bevor der Täter angezeigt oder eine Untersuchung gegen ihn eingeleitet ist; hiebei ist davon auszugehen, daß die an sich unzuständige Behörde amtlich verpflichtet ist, die Berichtigung an die sachlich und örtlich zuständige Steuerbehörde ungesäumt, jedenfalls aber im ordentlichen Geschäftsgang weiterzuleiten. Wäre das geschehen, so wäre die Selbstanzeige vor der anderen Anzeige an das zuständige Bezirksamt gekommen. (I, 4. Januar 1927.) Amtl. Sammlg. S. 115—120. Vgl. Bd. 56 S. 107, 385; Bd. 57 S. 313; Bd. 61 S. 10.

35. **Kraftwagenverkehr. Zufall.** (StGB. §§ 222, 230.) Ein Kraftwagenfahrer wollte zwei Fußgänger, die vor ihm auf der Fahrbahn der Straße gingen, überholen und steuerte deshalb seinen Wagen nach links bis an den Straßenrand. Inzwischen war auf sein Hupenzeichen einer der Fußgänger gleichfalls nach links auf den Fußsteig gelaufen und wurde dort überfahren. Die Verurteilung des Kraftwagenfahrers wegen fahrlässiger Körperverletzung wurde bestätigt. Der Kraftwagen birgt als ein wuchtiger Körper bei seiner gegenüber dem sonstigen Straßenverkehr hohen Geschwindigkeit notwendig eine

Unsicherheit für den Verkehr in sich; der Straßenverkehr aber steht jedem, auch Kindern und gebrechlichen oder geistig wenig regsamen Personen offen, so daß der Kraftfahrer, namentlich wenn er die ihm begegnenden oder von ihm zu überholenden Personen nicht kennt, immer damit rechnen muß, daß diese aus einer ihnen eigenen geistigen Schwerfälligkeit zu langsam die gegebenen Warnungszeichen aufnehmen und darnach ihren Entschluß fassen, oder daß sie in plötzlichem Erschrecken verkehrt handeln. Findet also der Kraftfahrer in der vor ihm liegenden Bahn ein Hindernis, so muß er sein Verhalten auf die Möglichkeit eines solchen unerwarteten Zufalls einrichten. Damit, daß auf ein Warnungszeichen ein sachgemäßes Verhalten des anderen folge, kann er nur dann rechnen, wenn er erkannt hat, daß das Zeichen gehört und aufgenommen worden ist und wenn er aus dem darauf folgenden Verhalten des anderen entnehmen durfte, daß sich dieser auch weiterhin verständig bewegen werde. Der Verletzte hatte sich im gegebenen Fall sachgemäß benommen, indem er, als er das Zeichen vernahm, von der Fahrbahn auf den Fußsteig trat; mit dieser Möglichkeit mußte der Angeklagte rechnen. (I, 4. Januar 1927.)

Amtl. Sammlg. S. 120—122.

36. **Falscheid. Widerruf bei der Behörde. Anzeige. Gesetzesauslegung. Fristberechnung.** (StGB. §§ 158, 163.) Eine Frau, die als Zeugin eidlich vernommen worden war, widerrief am gleichen Tage ihre Aussage durch eine schriftliche Erklärung, die sie in den Briefkasten des Amtsgerichts legte. Das Schriftstück wurde mit dem Eingangsstempel des folgenden Tages versehen. Inzwischen war bei der Polizei Anzeige erstattet worden. Das Schwurgericht verurteilte die Frau wegen fahrlässigen Falscheids; den Widerruf sah es als verspätet an. Die Revision hatte Erfolg. Sie irrte allerdings, wenn sie annahm, daß nicht der Zeitpunkt der Einreichung bei der Polizei, sondern jener des Einlaufs bei der Staatsanwaltschaft maßgebend gewesen sei; eine Anzeige ist erfolgt, sobald sie bei einer der für die Entgegennahme zuständigen Stellen angebracht wird. Zu diesen Stellen gehören auch die Behörden und Beamten des Polizeidienstes. Anderseits war aber für die Feststellung, wann der Widerruf erklärt worden ist, nicht der

Eingangsstempel des Amtsgerichts, sondern der Zeitpunkt, da die Erklärung in den Postkasten des Amtsgerichts gelegt wurde, maßgebend. Der vom Gesetzgeber verfolgte Zweck, durch die Begünstigung der nachträglichen Berichtigung einer Aussage die Erkennung der Wahrheit zu fördern, hat von jeher dazu geführt, dieser Bestimmung die umfassendste Geltung einzuräumen, die sich überhaupt mit dem Wortlaut vereinigen läßt. Die strengen Grundsätze, die bei prozessualen Erklärungs- und Rechtsmittelfristen schon aus deren Wesen heraus für die Bestimmung des Zeitpunkts des Eingangs von Schriftstücken bei Gericht geboten sind, können hier nicht angewendet werden, ebenso die gesetzlichen Bestimmungen darüber, wann eine schriftliche rechtsgeschäftliche Erklärung dem Empfänger zugeht. Noch weniger kann es auf die Zeit ankommen, zu der der zuständige Beamte, der den Eid oder die Aussage entgegengenommen oder zu würdigen hat, von dem Widerruf Kenntnis erlangt. Der Widerruf ist der Behörde gegenüber erklärt, wenn das ihn enthaltende Schriftstück bei der Behörde eingegangen, ihr vom Täter zugänglich gemacht ist. Der Täter hat aber den schriftlichen Widerruf der Behörde zugänglich gemacht, wenn er, soviel an ihm lag, alles getan hat, um dieser die Kenntnisnahme von dem Widerruf zu ermöglichen, und infolgedessen die Behörde den Widerruf derart in Händen hat, daß sie sich jederzeit, unabhängig vom Willen des Widerrufenden, von dem Inhalt Kenntnis verschaffen kann. Hierzu ist nicht erforderlich, daß das Schriftstück schon an einen zur Vertretung der Behörde berufenen Beamten gelangt ist; es genügt, wenn es der Behörde an einer ihr zugänglichen, von ihr zur Niederlegung schriftlicher Eingaben bestimmter Stelle zu jederzeitiger Kenntnisnahme zur Verfügung steht. Ob das zutraf, war an der Hand der allgemeinen und besonderen Bestimmungen über die Benützung des Briefkastens festzustellen. Außer Betracht hatte zu bleiben, ob der Briefkasten noch an dem Tag, da das Schriftstück in ihn eingelegt worden war, geleert wurde, da es nicht darauf ankam, wann ein Vertreter der Behörde von dem Widerruf Kenntnis erlangte. (II, 6. Januar 1927.)

Amtl. Sammlg. S. 123—125.

Vgl. Bd. 22 S. 144; Bd. 27 S. 148; Bd. 34 S. 422;

Bd. 58 S. 424; Bd. 99 S. 20; RGZ. Bd. 76 S. 127; Bd. 99 S. 20.

37. **Sparkassenbuch. Annahmestelle. Urkundenfälschung. Legitimationspapier. Unterschlagung. Betrug.** (StGB. §§ 246, 263, 267.) Ein Sparkassenbuch wurde der Annahmestelle der Sparkasse zum Zwecke der Zinsenzuschreibung übergeben. Der Sohn des Verwalters der Annahmestelle, der bei der Sparkasse als Beamter angestellt war, nahm das Buch mit sich und hob einen Teil des Guthabens in der Weise ab, daß er einen Auszahlungsvermerk in das Buch eintrug, ihn von den zuständigen Kassenbeamten unterschreiben ließ und die Auszahlung des Betrags an sich veranlaßte. Nachträglich strich er den Auszahlungsvermerk wieder durch. Er wurde wegen Unterschlagung verurteilt. Das Reichsgericht verwies die Sache zurück. Das Sparkassenbuch ist eine bevorzugte Beweisurkunde (Legitimationspapier); die Sparkasse ist ohne Pflicht zur Prüfung der Legitimation berechtigt, an jedermann mit schuldtilgender Wirkung Zahlung zu leisten, der ihr gegenüber unter Vorlegung des Buches Gläubigeransprüche erhebt. Damit ist aber nur eine Norm für den rechtsgeschäftlichen Vorgang des Zahlungsgeschäftes zwischen dem Schuldner und dem wirklichen oder vermeintlichen Gläubiger aufgestellt. Für die Vorgänge im inneren Geschäftsgang der Sparkasse bei der dienstlichen Behandlung der ihr übergebenen Sparkassenbücher oder der davon betroffenen Guthaben ist daraus nichts herzuleiten. Das Guthaben des Gläubigers wird in seinem Bestand nicht dadurch verändert, daß ein Beamter, befugt oder unbefugt, eine Eintragung in dem ihm überreichten Buch vornimmt und sich dadurch den Zugriff auf die Gelder der Kasse ermöglicht, sondern allein durch das Zahlungsgeschäft zwischen der Kasse und dem Gläubiger. Wer unter Mißbrauch der erhöhten Beweiskraft des Sparkassenbuchs als Legitimationspapier das darin verbriefte Guthaben unbefugt abhebt, verfügt über das Buch rechtswidrig wie ein Eigentümer und kann sich dadurch der Unterschlagung an dem Buch schuldig machen. Daraus folgt aber noch nicht, daß jede mißbräuchliche Benützung eines solchen Buchs zwecks unredlicher Erlangung von Geld den Tatbestand der Unterschlagung erfüllt. Dafür, daß im vorliegenden

Fall der Angeklagte der Sparkasse gegenüber als angeblich berechtigter Inhaber des Buches aufgetreten und unter dem Schein seines Gläubigerrechts das Guthaben abgehoben, mithin sich das Buch in dieser Weise zugeeignet hätte, bot das Urteil keinen zureichenden Anhalt. Die Annahmestelle gehörte unmittelbar zu der Kreissparkasse, war nur als ein räumlich entfernter Schalter des einheitlichen Kassenbetriebs anzusehen. Das Buch war mit der Aushändigung an den Vater des Angeklagten der Sparkasse amtlich übergeben und blieb es auch, während der Angeklagte es zum Zwecke der Überbringung an die Hauptstelle in seinem Besitz hatte. Wenn er unter dem Schein einer dienstlichen Verrichtung Auszahlungsvermerke in den Büchern entwarf, sie von den zuständigen Beamten unterschreiben und sich daraufhin das Guthaben zum Teil auszahlen ließ, machte er nicht als angeblicher Gläubiger der Sparkasse gegenüber das Forderungsrecht aus dem Guthaben geltend, sondern bewirkte unter der falschen Vorspiegelung, daß ein entsprechender Antrag seitens des wirklichen Gläubigers an die Sparkasse gestellt worden sei, eine auf diesem Irrtum beruhende Verfügung der Beamten zu seinen Gunsten. Das Guthaben des Gläubigers wurde durch die Auszahlung des Betrags an ihn so wenig berührt, als der Betrag in das Eigentum des Gläubigers oder des Angeklagten überging, da der Angeklagte den Gläubiger nicht vertreten und der auszahlende Beamte ihm nicht Eigentum an dem Geld übertragen wollte. Das Geld blieb auch in den Händen des Angeklagten Eigentum der Sparkasse, bis er durch Verausgabung oder durch Vermischung mit anderem Geld darüber verfügte. Da er es durch Betrug erlangt hatte, kam eine Unterschlagung daran nicht mehr in Frage. Dagegen war zu prüfen, ob dem Angeklagten nicht eine öffentliche Urkundenfälschung zur Last fiel. Die Sparkasse war eine öffentliche Behörde und hatte das Sparkassenbuch im Rahmen ihrer Amtsbefugnisse ausgestellt. Die Eigenschaft einer öffentlichen Urkunde wurde dadurch nicht ausgeschlossen, daß das Buch sich auf Rechtsverhältnisse bürgerlich-rechtlicher Art bezog; entscheidend war hiefür nur, ob das Sparkassebuch in einer durch Gesetz, Statut oder sonstige rechtsverbindliche Anordnung vorgeschriebenen Form ausgestellt wurde und ob ihm um dieser Form willen öffentliche Beweiskraft für und gegen jedermann zukam. Der Eigenschaft als öffentliche Urkunde stand auch nicht entgegen, daß die Sparkassenbücher als Vordrucke hergestellt und in dieser Form in Verkehr gebracht wurden. Die Möglichkeit, daß es sich bei der Eintragung der Auszahlungsvermerke um öffentliche Urkunden handelte, war hiernach gegeben. (III, 6. Januar 1927.)

Amtl. Sammlg. S. 126—130.

Vgl. Bd. 52 S. 198; Bd. 54 S. 149; Bd. 58 S. 280; Bd. 59 S. 384; Bd. 60 S. 187.

38. Leistungswucher. Raumwucher. Gesetzesänderung. Mildestes Strafgesetz. Zeitgesetz. Preistreiberei. Gestehungskosten. (MSchG. §§ 49a, 49b; PreistrVO. §§ 4, 5; StGB. § 2.) Ein Anwesen wurde vor dem Krieg um rund 100000 Mark erworben; für Umbauten wurden rund 50000 Mark aufgewendet. Der Eigentümer betrieb darin im Erdgeschoß eine Wirtschaft. Vom 1. August 1923 ab vermietete er die Wirtschaftsräume an eine Fahrradhandlung um den gesetzlichen Mietpreis, dem eine Friedensmiete von 125 Mark monatlich zugrundegelegt wurde. Vom 1. Juli 1924 ab verpachtete er die gleichen Räume sowie mehrere Zimmer im zweiten Stock des Hauses an einen Gastwirt gegen einen monatlichen Pachtzins von 600 Reichsmark; der Pächter hatte außerdem das Wassergeld für das ganze Haus zu entrichten und mit der von ihm betriebenen Sammelheizung die Wohnung des Eigentümers zu heizen. Im Februar 1925 wurde der Pachtzins auf monatlich 750 Reichsmark erhöht und das Pachtverhältnis zum 1. Oktober 1925 gekündigt. Von diesem Zeitpunkt an wurden die Wirtschaftsräume an eine Kleiderhandlung um den Preis von monatlich 1000 Goldmark vermietet; von den Kosten der Sammelheizung, die der Vermieter übernahm, sollte der Mieter die Hälfte ersetzen; die Kosten des nötigen Umbaus sollte zunächst der Vermieter tragen, doch sollten sie nach und nach vom Mieter abbezahlt werden. Auf Grund dieses Sachverhalts erfolgte Verurteilung wegen zweier Vergehen des Leistungswuchers; für den ersten Fall wurde ein Betrag von monatlich 450 Reichsmark, für den zweiten Fall ein solcher von monatlich 650 Reichsmark als Mietpreis für angemessen erachtet. Die Revision des Angeklagten hatte Erfolg. Nach der Erlassung des schöffengerichtlichen Urteils waren die Vorschriften des Gesetzes vom 29. Juni 1926 zur Änderung des Mieterschutzgesetzes über den Raumwucher ergangen und am 1. Juli in Kraft getreten; durch das Gesetz vom 19. Juli 1926 war mit Wirkung vom 24. Juli 1926 an die Preistreibereiverordnung, auf die sich das Urteil stützte, aufgehoben worden. Diese Aufhebung war zu der Zeit, als die Bestimmungen über Raumwucher im Reichstag besprochen und beschlossen wurden, schon ins Auge gefaßt; hiernach war nicht anzunehmen, daß für die kurze Zeit vom Inkrafttreten des neuen Mieterschutzgesetzes bis zum Inkrafttreten der Aufhebung der Preistreibereiverordnung ein Nebeneinanderbestehen der Vorschriften beider Gesetze hinsichtlich des Raumwuchers dem Willen des Gesetzgebers entsprach. Gegen diese Annahme spricht auch nicht, daß der Tatbestand der alten und der neuen Bestimmungen sich nicht vollständig deckten. Demnach waren die Vorschriften der Preistreibereiverordnung, soweit sie sich auf Raumwucher bezogen, schon am 1. Juli 1926 außer Kraft getreten. Die vor dem 1. Juli 1926 begangenen Verfehlungen gegen die Preistreibereiverordnung waren nach allgemeinen Bestimmungen zu beurteilen. Wurde die Preistreibereiverordnung als ein durch die besonderen Verhältnisse der Kriegszeit und Nachkriegszeit bedingtes Zeitgesetz angesehen und ihre Aufhebung nur mit der Änderung dieser Verhältnisse begründet, so waren die unter ihrer Herrschaft begangenen Zuwiderhandlungen ohne Rücksicht auf die Aufhebung zu bestrafen. In dem Gesetz vom 19. Juli 1926 ist aber ausdrücklich bestimmt, daß auf diese Zuwiderhandlungen § 2 StGB. Anwendung finden soll. Beim Raumwucher konnte die Annahme, daß die gesetzlichen Änderungen ihren Grund im Wegfall der zur Zeit der Erlassung der Preistreibereiverordnung herrschenden Verhältnisse hätten, überhaupt nicht aufkommen, da die Raumnot und damit die Gefahr des Wuchers fortbestand; durch die Änderung des Tatbestands sollte die Erfassung aller damit zusammenhängenden Erscheinungen, besonders auch der Forderung übermäßiger Abstandssummen, sichergestellt werden. Eine Neigung zur Milderung zeigte sich nur in den Strafdrohungen; diese ist nicht auf eine Änderung der Verhältnisse, sondern auf eine Änderung der Rechtsanschauung zurückzuführen. Hieraus folgte ohne weiteres die Anwendbarkeit des § 2 StGB. Einer ausdrücklichen Bestimmung bedurfte es nicht. Unter der Zeit der Aburteilung im Sinne dieser Vorschrift ist der Zeitpunkt der Erlassung des Urteils durch den Tatrichter zu verstehen. Hat dieser das in diesem Zeitpunkt geltende Gesetz auf den von ihm festgestellten Sachverhalt richtig angewendet und liegt auch kein Verstoß gegen verfahrensrechtliche Vorschriften vor, so ist die Revision ohne Rücksicht auf die inzwischen eingetretene Gesetzesänderung zu verwerfen. Muß aber das Urteil aus irgendeinem Grunde aufgehoben werden, so ist die inzwischen eingetretene Gesetzesänderung zu berücksichtigen. Die Frage, ob das ältere oder das neuere Gesetz milder ist, kann nicht auf Grund einer abstrakten Vergleichung der Tatbestände oder Strafdrohungen getroffen werden, vielmehr kommt es darauf an, welches Gesetz in bezug auf den bestimmten vorliegenden Fall die mildeste Beurteilung zuläßt. Das Gesetz, welches die Handlung nicht als volle Verwirklichung seines Tatbestands erscheinen läßt, ist gegenüber dem Gesetz, dessen Tatbestand die Handlung voll deckt, das mildere, da es, soweit nicht ein anderes Gesetz in Frage kommt, zur Freisprechung führen muß. Ist aber der Tatbestand sowohl des alten als auch des neuen Gesetzes erfüllt, so kommt es darauf an, welche Strafdrohungen eine mildere Beurteilung zulassen. Demgemäß war zunächst zu prüfen, ob der festgestellte Sachverhalt den Tatbestand des Leistungswuchers im Sinne der Preistreibereiverordnung erfüllte. Hiegegen war vorgebracht, daß die Verpachtung und Vermietung nicht als Leistung zur Befriedigung des täglichen Bedarfs angesehen werden könne. Das Vermieten oder Verpachten von Grundstücken, Wohnungen oder Zimmern ist aber in der amtlichen Begründung zur Preistreibereiverordnung unter den Beispielen von Leistungen zur Befriedigung des täglichen Bedarfs ausdrücklich erwähnt. Wenn auch Grundstücke und Gebäude selbst nicht zu den Gegenständen des täglichen Bedarfs gehören, so steht doch nichts im Wege, deren Überlassung zum Gebrauch und zur Nutzung, insbesondere auch die Vermietung und Verpachtung von Räumen zu gewerblichen Zwecken unter die Leistungen zur Befriedigung des täglichen Bedarfs zu zählen und zwar ohne Rücksicht darauf, ob die Räume einem Gewerbebetrieb dienen, in dem Gegenstände des täglichen Bedarfs hergestellt oder verkauft oder Leistungen zur Befriedigung des täglichen Bedarfs dargeboten werden. Strafbar war nach der Preistreibereiverordnung das Fördern oder Sichgewährenlassen einer Vergütung, die unter Berücksichtigung der gesamten Verhältnisse einen übermäßigen Verdienst enthielt. Zu den gesamten Verhältnissen gehören auch die Gestehungskosten; soweit sie durch die Vergütung nicht überschritten werden, kann von einem Verdienst überhaupt keine Rede sein. Der Reinverdienst ist in der Regel dann als übermäßig zu erachten, wenn er den bei Leistungen gleicher Art im Frieden üblichen und angemessenen Reinverdienst übersteigt; doch können besondere Umstände eine Abweichung rechtfertigen. Bei der Ermittelung der Gestehungskosten ist mit Schätzung und Sachverständigen zu arbeiten. Es steht nichts im Weg, an Stelle der unmittelbaren Vergleichung des tatsächlich erzielten mit dem angemessenen Reinverdienst eine Vergleichung der geforderten Vergütung mit der einen angemessenen Reinverdienst enthaltenden Vergütung vorzunehmen; doch muß ersichtlich sein, daß die für angemessen erklärte Vergütung sich wirklich aus den Gestehungskosten und dem angemessenen Reinverdienst zusammensetzt. Das angefochtene Urteil ließ nicht erkennen, ob diese Grundsätze beobachtet waren und ob der Tatbestand des Leistungswuchers tatsächlich vorlag. Die Sache wurde deshalb zurückgewiesen. Für die neue Verhandlung bemerkte das Reichsgericht, daß beim Vorliegen des äußeren und des inneren Tatbestands des Leistungswuchers zu prüfen war, ob nicht die Vorschriften über den Raumwucher zu einer günstigeren Beurteilung für den Angeklagten führten. Gegenüber den Vorschriften über den Leistungswucher weisen jene über den Raumwucher die doppelte Abweichung auf, daß sie nicht eine Leistung zur Befriedigung des täglichen Bedarfs voraussetzen und daß als Gegenstand des Verbots nicht eine Vergütung, die einen übermäßigen Gewinn enthält, sondern eine als unangemessen anzusehende

Vergütung bezeichnet wird. Die erste Abweichung enthält keine Milderung, sondern eine Verschärfung. Bei der zweiten erscheint es zunächst zweifelhaft, ob sie überhaupt eine sachliche Änderung bedeutet; allein die Wahl einer anderen Fassung spricht doch dafür, daß damit auch etwas anderes ausgedrückt werden sollte. Das Reichsgericht nahm an, daß nach der neuen Fassung neben den Gestehungskosten und dem hiernach zu berechnenden Reingewinn auch noch anderen Verhältnissen, besonders dem objektiven Nutzungswert des überlassenen Raumes sowie den persönlichen und Vermögensverhältnissen der einander gegenüberstehenden Vertragsteile eine gleichwertige Bedeutung zuerkannt werden sollte. Hiernach waren Sachlagen möglich, in denen eine Vergütung als unangemessen im Sinne der Vorschriften über den Raumwucher erschien, obwohl sie keinen übermäßigen Verdienst im Sinne der Vorschriften über den Leistungswucher enthielt. Dann bedeutete aber die Änderung der Fassung der Vorschriften auch nach dieser Richtung eine Verschärfung. Gleichwohl hatten die Vorschriften über den Raumwucher zur Anwendung zu kommen, weil die Strafdrohung milder ist als jene für Leistungswucher. Bei der Prüfung der Frage, ob die vom Angeklagten geforderten Vergütungen einen übermäßigen Verdienst enthielten, waren folgende Gesichtspunkte zu beachten:

1. Mietvertrag. Bei der Überlassung von Gebäuden und Gebäudeteilen zum Gebrauch und zur Nutzung kommen als Gestehungskosten in Betracht: Die Verzinsung des im Anwesen steckenden eigenen und fremden Kapitals, ein angemessener Abnutzungs- und Gefahrensatz, ein Betrag zur Deckung der Betriebskosten, insbesondere der Grund- und Haussteuern, der gemeindlichen und sonstigen Umlagen, der Gebühren für die Benutzung gemeindlicher Anstalten und Unternehmungen (Wasserzins, Kanalgebühr, Straßenreinigung, Hausunratabfuhr, Kaminreinigung), der Beitrag zu den verschiedenen Versicherungen, die Verwaltungskosten, ein Betrag zur Deckung der laufenden Instandhaltungsarbeiten innerhalb und außerhalb der Mieträume sowie der großen Instandhaltungsarbeiten, eine Vergütung für Sammelheizung und Warmwasserversorgung. Unternehmerlohn kam nur in Frage, wenn und soweit der Hauseigentümer das

Haus selbst verwaltete und trat insoweit an die Stelle des an einen Verwalter zu zahlenden Betrags, konnte also zu den Verwaltungskosten gerechnet werden. Der Unterschied zwischen der Summe der Gestehungskosten und dem vereinbarten Pachtzins bildete den der Kapitalneubildung dienenden Reinverdienst (den reinen Unternehmergewinn, die reine Rente). Der für Mietverhältnisse gleicher Art geltenden gesetzlichen Miete konnte eine ausschlaggebende Bedeutung nicht beigemessen werden, denn diese gewährleistet dem Vermieter keineswegs den im Frieden üblichen oder auch nur einen nach der jeweiligen Wohlstandsziffer geminderten Reinverdienst. Von größerem Wert war die vergleichsweise Heranziehung der Mietpreise, die zur Zeit des Abschlusses der Verträge im zulässigen freien Verkehr für Räume gleicher Art und Lage gezahlt wurden; doch war auch diese Unterlage unsicher. Wenn der Angeklagte aus irgendwelchen besonderen Gründen mit höheren Gestehungskosten zu rechnen hatte als die Inhaber der Vergleichsräume, war in der Überschreitung des im freien Verkehr üblichen Preises kein Leistungswucher zu finden. Soweit zuverlässige Anhaltspunkte mangelten, empfahl sich, an die Mietpreise anzuknüpfen, die für Mietverhältnisse gleicher Art im Frieden bei regelmäßiger Marktlage üblich und angemessen waren; weiterhin waren aber dann alle Verhältnisse zu berücksichtigen, die für den besonderen Fall eine Abweichung davon rechtfertigten. Was die Verzinsung des eigenen und fremden Kapitals anlangte, das für den Erwerb und Umbau des Anwesens aufgewendet worden war, hatten zunächst alle Beträge auszuscheiden, die für das zu beurteilende Mietverhältnis ohne Bedeutung waren. Überstieg der hiernach verbleibende Kapitalaufwand den bei Anwesen gleicher Art üblichen, so stand nichts im Wege, in der Miete einen entsprechenden Betrag für die Zinsen in Ansatz zu bringen, soferne es sich nicht um Beträge handelte, die als bewußt unwirtschaftlich zu erachten waren. War in der Zeit der Geldentwertung Kapital aufgewendet worden, so war zunächst der ziffermäßige Betrag mit Hilfe der Teuerungszahlen umzurechnen, anderseits festzustellen, welchen Wertzuwachs in Friedensmark das Anwesen erfahren hatte. War dieser höher als der Betrag der Aufwendung, so konnten die Zinsen aus dem der Wertsteigerung entsprechenden höheren Betrag berechnet werden; der hierin gelegene Zinsgewinn beruhte auf einer durch die Preistreibereiverordnung nicht verbotenen Ausnutzung der durch die Geldentwertung geschaffenen Wirtschaftslage, war unabhängig von dem Mietverhältnis entstanden und enthielt keine Bewucherung der Mieter. Auch ein ohne Kapitalaufwand auf Grund besonderer Umstände eingetretener Wertzuwachs, etwa eine auf der Durchführung einer Straße beruhende Erhöhung des Nutzungswerts, enthielt einen von den Mietverträgen unabhängigen Kapitalgewinn, eine Erhöhung des im Grundstück steckenden eigenen Kapitals. Für dieses kann der bei regelmäßiger Marktlage landesübliche Zinssatz, für das fremde der tatsächlich zu zahlende Satz berechnet werden, soweit sich dieser nicht selbst als eine übermäßige und daher unwirtschaftliche Ausgabe darstellt. Unzulässig war es, für das im Frieden aufgewendete Kapital die zur Zeit des Vertragsschlusses geltenden, auf einer durchaus unregelmäßigen Lage des Kreditmarktes beruhenden Zinsen zu berechnen; das stünde auf gleicher Stufe mit dem vom Reichsgericht beim Preiswucher abgelehnten Wiederbeschaffungspreis. Läßt sich infolge der Unregelmäßigkeit der Marktlage ein landesüblicher Zinsfuß nicht feststellen, so bietet für die Verzinsung des eigenen Kapitals der Zinsfuß einen Anhaltspunkt, der vor Eintritt der unregelmäßigen Lage gegolten hat. Bei Mietverhältnissen, für welche die gesetzliche Miete nicht gilt, ist die durch die Geldentwertung in Verbindung mit der Aufwertungsgesetzgebung eingetretene weitgehende Entschuldung des mit fremdem Kapital belasteten Grundbesitzes ohne Einfluß auf die Mietzinsbildung. Da der Gebrauchswert des Grundstücks hierdurch nicht verringert wurde, bedeutete diese Entschuldung für den Grundstückseigentümer lediglich eine Verschiebung zwischen dem im Grundstück steckenden fremden und eigenen Kapital; es handelt sich um ein Geschenk, das den Grundstückseigentümern in den Schoß gefallen ist. Der von den Instandsetzungskosten zu unterscheidende, auf den Bestand des Gebäudes bezügliche Abnutzungssatz fällt nur wenig ins Gewicht. Die Berücksichtigung des hohen Risikos, insbesondere die Heranziehung der Langfristigkeit des Vertrags, der Unsicherheit der Wirtschaftslage und des drohenden Verlustes der Wirtschaftskonzession, waren rechtlich nicht zu beanstanden. Die übrigen Gestehungskosten waren nach dem voraussichtlichen wirklichen Anfall, im Zweifel also zu einem gegenüber den Friedenssätzen wesentlich gesteigerten Betrag, in Ansatz zu bringen; Aufwendungen für Leistungen, die den Mietern entgegen der Friedensübung nicht gewährt wurden oder über die eine besondere Vereinbarung getroffen war, hatten auszuscheiden. Die Abgaben zum Ausgleich der Geldentwertung waren nicht als Betriebskosten einzusetzen. Soweit gesetzliche Miete gilt, sind diese Abgaben allerdings entweder in die gesetzliche Miete einzurechnen oder neben ihr auf die Mieter umzulegen. Das hat seinen Grund darin, daß der dem Grundstückseigentümer verbleibende Teil der gesetzlichen Miete anfangs kaum die Betriebs- und Instandsetzungskosten deckte und auch jetzt noch für das im Anwesen steckende eigene Kapital nur einen Bruchteil der im Frieden üblichen Verzinsung gewährt. Darin liegt ohnehin schon ein Ausgleich für die eingetretene Entschuldung und es ging nicht an, dem Grundstückseigentümer auch noch die Ausgleichabgabe aufzubürden. Wenn aber im zulässigen freien Verkehr die Zinsen für das im Grundstück steckende Kapital in der angegebenen Weise berechnet werden, dann ist der Geldentwertungsausgleich vom Grundstückseigentümer zu tragen, der bei Fortdauer der friedensmäßigen Verzinsung des Kapitals durch die Geldentwertung eine erhebliche Entschuldung erfahren hat. Die sämtlichen Posten sind auf die jeweils durch die Mietverträge oder eigenen Nutzung zusammengefaßten Räume unter Berücksichtigung der Besonderheiten der einzelnen Gruppen zu verteilen. Der Umstand, daß infolge der Zwangswirtschaft in der einen oder in der anderen Gruppe nicht der volle Mietertrag erzielt werden kann, darf nicht dazu führen, mit dem ungedeckten Rest den Mieter zu belasten, für den die gesetzliche Miete nicht gilt. Die Kosten des Umbaus durften dem Mieter aufgebürdet werden. Bei der Schätzung des angemessenen Reingewinnes durfte endlich auch berücksichtigt werden, daß der Mieter sehr kapitalkräftig war und auf die Erlangung der Räume großes Gewicht legte, ohne durch eine Notlage hierzu gezwungen zu sein.

2. Pachtvertrag. Für diesen Vertrag waren die gleichen Grundsätze anzuwenden, soweit sich nicht aus der anderen Eigenschaft des Vertrags Abweichungen ergaben. Allerdings war der Pachtzins bei Annahme eines Anwesenswertes von 150000 Goldmark auffallend niedrig, so daß der Gedanke nahelag, das Anwesen sei seit dem Erwerb durch irgendein besonderes Ereignis entwertet worden. Wenn das zutraf, hatte der Angeklagte durch dieses Ereignis einen unwiderbringlichen Vermögensverlust erlitten; der auf diese Weise verlorengegangene Teil des Kapitals durfte bei den Gestehungskosten nicht mehr berücksichtigt werden. Hatte aber der Angeklagte das Anwesen infolge irriger Schätzung des möglichen Betrags zu teuer erworben, so konnte der Versuch, eine angemessene Verzinsung zu erzielen, nicht als Leistungswucher beurteilt werden (I, 11. März 1927.)

Amtl. Sammlg. S. 130—147.

Vgl. Bd. 50 S. 416; Bd. 51 S. 344.

39. **Abtretung. Gewerbsmäßigkeit. Versuch. Sammelverbrechen. Gesetzesänderung. Mildestes Strafgesetz.** (StGB. § 2, 43, 74, 218, 219.) Eine Krankenpflegerin nahm wiederholt gegen Entgelt Abtreibungen vor; nachgewiesen waren drei vollendete Abtreibungen in den Jahren 1921, 1923 und 1924, eine versuchte im Jahre 1925. Nach dem bei der Begehung der Taten geltenden Strafgesetz hatte sie sich also dreier Verbrechen der vollendeten und eines Verbrechens der versuchten Lohnabtreibung schuldig gemacht. Zur Zeit der Aburteilung galt schon das Gesetz vom 18. Mai 1926, wonach die bloße Entgeltlichkeit der Abtreibung keinen Strafschärfungsgrund mehr bildet, hierzu vielmehr Gewerbsmäßigkeit erfordert wird; diese stellt sich als ein die Entgeltlichkeit in sich begreifender und insoferne den allgemeinen Begriff der Entgeltlichkeit mitumfassender engerer strafrechtlicher Tatbestand dar. Für die Annahme der Gewerbsmäßigkeit genügt es nicht, wenn die Abtreibung als Erwerbshandlung in Ausübung eines an sich erlaubten Gewerbes, wie es die Angeklagte als Krankenpflegerin betrieb, vorgenommen wird; vielmehr muß die wiederholte Begehung entgeltlicher Abtreibungen den Betrieb darstellen, dessen Einnahmen zu einer

ständigen Einkommensmehrung werden und die hierdurch zum Gegenstand eines Gewerbes gemacht werden. Das Vorliegen solcher Gewerbsmäßigkeit hatte das Schwurgericht einwandfrei festgestellt. Da die gewerbsmäßige Abtreibung ein Sammelverbrechen ist, war nur ein Verbrechen der gewerbsmäßigen Abtreibung anzunehmen, worin alle festgestellten Abtreibungshandlungen aufgingen, da ihnen, obwohl sie sich auf mehrere Jahre erstreckten, der Gesamtvorsatz der Angeklagten zugrunde lag, aus dieser andauernden verbrecherischen Abtreibungstätigkeit einen selbständigen Erwerb zu erzielen. Das traf auch auf den Versuch der Abtreibung zu. Allerdings ist mit der verschärften Strafe nur bedroht, wer die Tat gewerbsmäßig begeht; aber jeder Versuch ist seinem Wesen nach auf die Vollendung des beabsichtigten Verbrechens gerichtet und wer durch einen solchen Versuch unternimmt, das Verbrechen gewerbsmäßig zu betreiben, hat dadurch auch schon den Anfang der Ausführung des Entschlusses betätigt, aus solchem Tun dauernd Erwerb zu ziehen. Der Angeklagten waren mildernde Umstände versagt worden. Demgemäß war bei Anwendung des neuen Gesetzes auf Zuchthaus (von 1 bis 15 Jahren) zu erkennen, während nach dem früheren Recht auf eine Gesamtstrafe von mindestens 1 Jahr 1 Monat Zuchthaus hätte erkannt werden müssen. Das neue Gesetz war hiernach das mildere (II, 10. Januar 1927.) Amtl. Sammlg. S. 147—150.

Vgl. Bd. 55 S. 20; Bd. 59 S. 98; Bd. 60 S. 363.

40. **Verrat militärischer Geheimnisse. Versailler Vertrag.** (SpionG. § 6.) Die Frage, ob ein Gegenstand oder eine Nachricht für die Zwecke der Landesverteidigung geheimzuhalten ist, kann nur an der Hand des Einzelfalles entschieden werden; sie ist keine Rechtsfrage, sondern eine Tatfrage, insbesondere eine militärische Frage. Von den Bestimmungen des Versailler Vertrags ist die Entscheidung unabhängig (III, 10. Januar 1927.) Amtl. Sammlg. S. 150—151.

41. **Gotteslästerung. Auslegung von Gedankenäußerungen. Bedingter Vorsatz.** (StGB. § 166.) In einer Tageszeitung wurde ein Gedicht veröffentlicht, dessen zweite Strophe lautete:

Wenn der Wind im Frühling bläst von Nord,
Heißt er Knospentod und Blütenmord.
Auf den Dächern schreien die Katzen weh
Wie der Herr im Garten von Gethsemane.

Der verantwortliche Schriftleiter der Zeitung wurde wegen Gotteslästerung verurteilt. Das Reichsgericht verwies die Sache zurück. Zur Begründung des Urteils war ausgeführt, daß durch die Gleichstellung des widerwärtigen und abscheulichen Geschreies der Katzen im Frühjahr mit dem Ausdruck tiefsten Schmerzes des Erlösers zu Beginn seines Leidens die Klage des Heilands herabgewürdigt und Christus selbst in den Staub gezogen werde; der Vergleich sei roh, gemein, verletzend und für Christus beschimpfend. Das Reichsgericht stellte fest, daß der Begriff „Gott" im Sinne der Strafvorschrift über Gotteslästerung die Person Christi umfaßt. Gott lästern, heißt in schmähsüchtiger Weise etwas Verächtliches über Gott aussagen, das der Ehre und Heiligkeit Gottes Abbruch tut. Das geschieht durch eine beschimpfende Äußerung, wenn sich die Äußerung nach Inhalt oder Form als eine rohe, verletzende Kundgebung der Mißachtung Gottes darstellt. Eine solche Kundgebung liegt auch dann vor, wenn ohne den Gebrauch von Schimpfworten in roher Weise herabwürdigende Tatsachen in bezug auf Gott behauptet werden; das kann nicht nur unmittelbar, sondern auch mittelbar durch einen rohen Vergleich geschehen. Wenn durch die beanstandeten Verszeilen zum Ausdruck gebracht wurde, daß die Schmerzensäußerungen des Erlösers zu Beginn seiner Leiden dem widerwärtigen, Abscheu erregenden Geschrei der Katzen im Frühjahr gleichzustellen seien, dann wäre der Tatbestand der Lästerung Gottes durch eine beschimpfende Äußerung gegeben und bestünde, da auch die Öffentlichkeit und die Erregung des Ärgernisses nachgewiesen waren, gegen die Verurteilung kein Bedenken. Das Reichsgericht fand aber zweifelhaft, ob diese Auslegung zutraf. Die Nachprüfung der Auslegung von Gedankenäußerungen durch das Revisionsgericht ist zulässig, wenn ein Rechtsirrtum oder ein Verstoß gegen allgemeine Erfahrungssätze, Denkgesetze oder Auslegungsregeln zu erkennen ist. Eine solche allgemein gültige Auslegungsregel ist die, daß, soweit der Wortlaut einer Äußerung nicht durchaus eindeutig ist, der Sinn der Äußerung aus den Nebenumständen, besonders aus dem Zusammenhang, dem Zweck usw. zu erforschen ist. Insbesondere darf bei der Auslegung von Vergleichen die äußere sprachliche Gegenüberstellung nicht ohne weiteres als Gleichstellung behandelt werden; vielmehr muß aus dem Zusammenhang, in dem der Vergleich enthalten ist, sowie aus etwaigen sonstigen Nebenumständen der Kernpunkt des Vergleichs (das tertium comparationis) erforscht werden. Das Schwurgericht hatte vom sprachlichen Aufbau aus seine Schlüsse gezogen; bei der Beachtung des Zusammenhangs konnte aber sehr wohl der Gedanke in Betracht kommen, daß die Erneuerung der Natur im Frühjahr, ebenso wie die geistige Erneuerung, die im Erlösungswerk Christi gipfelt, teilweise sich unter Weh vollzieht, das bei niedrigen Geschöpfen, ebenso wie beim menschgewordenen Gott, nach irgend einem Ausdruck ringt. Der Kernpunkt des Vergleichs wäre dann die Äußerung des einen Durchgangspunkt der Erneuerung bildenden Wehes, nicht die Art, in der dieser Weg zum Ausdruck gebracht wird. In diesem Fall kam eine Gotteslästerung nicht in Frage, mochte auch die Fassung des Gedichtes geschmacklos sein und auf viele Menschen abstoßend wirken. War allerdings die Äußerung unter Berücksichtigung der Nebenumstände mehrdeutig und war bei Zugrundelegung einer dieser Deutungen das Merkmal der beschimpfenden, gotteslästernden Äußerung gegeben und hatte dies der Angeklagte mindestens als möglich erkannt und dennoch gewollt, so würde die bloße Möglichkeit einer anderen, den Begriff der Gotteslästerung nicht erfüllenden Deutung die Anwendung der Strafvorschrift über Gotteslästerung nicht ausschließen. (I, 11. Januar 1927.)

Amtl. Sammlg. S. 151—153.

Vgl. Bd. 30 S. 194; Bd. 39 S. 399; Bd. 40 S. 438; Bd. 41 S. 79; Bd. 45 S. 138.

42. **Nötigung. Gewalt gegen Sachen. Selbsthilfe.** (StGB. §§ 123, 240; BGB. §§ 229, 858.) Ein Vermieter schaffte seine Mieter aus einem ihrer Zimmer in der Weise aus, daß er die darin befindlichen Sachen auf den Flur brachte. Das Landgericht stellte das Verfahren ein mit der Begründung, daß für eine Ver-

urteilung wegen Nötigung der Nachweis der Gewalt, für eine Verurteilung wegen Hausfriedensbruchs der erforderliche Strafantrag fehle. Das Reichsgericht verwies die Sache zurück. Gegenstand der Nötigung ist die Freiheit der Willensentschließung oder Willensbetätigung eines anderen. Beide kamen hier in Betracht. Der Angeklagte wollte in den Besitz des Zimmers gelangen, das die Mieter innehatten; zu diesem Zweck konnte ihm daran liegen, in ihnen den Entschluß hervorzurufen, ihrerseits den Besitz aufzugeben und sich jeder seinem Willen widersprechenden Willensbetätigung zu enthalten. In der eigenmächtigen Räumung des Zimmers lag eine an den dort stehenden Sachen verübte Gewalt. Auch eine solche kann von dem Anderen als ein auf seinen Willen einwirkender, seine freie Entschließung oder Betätigung unmöglich machender physischer Zwang empfunden werden; die Ausräumung eines Zimmers gegen den Widerspruch des Mieters kann nicht minder dazu bestimmt und geeignet sein, ihn zur Aufgabe jeden Widerstands und zum tatsächlichen Verzicht auf seinen Besitz zu zwingen, als wenn er selbst von dem ihm an Kräften überlegenen Gegner gewaltsam aus seinem Mietraum entfernt würde. Ob das Mietverhältnis zu recht bestand oder nicht, war belanglos, da der Angeklagte auch in diesem Fall nicht zu eigenmächtiger Selbsthilfe befugt war. (III, 13. Januar 1927.) Amtl. Sammlg. S. 156—158.

Vgl. Bd. 20 S. 354; Bd. 48 S. 346.

43. **Offenbarungseid. Meineid. Versuch, bedingter Vorsatz. Unterschlagung. Ableugnung des Besitzes.** (StGB. §§ 43, 146, 153; ZPO. § 807.) Über einen Motor wurde ein Kaufvertrag abgeschlossen; er wurde auch dem Käufer übergeben. In der Folgezeit entstand Streit zwischen dem Verkäufer und dem Käufer, ob das Eigentum übergegangen sei; der Käufer vergrub daraufhin den Motor und stellte den Besitz in Abrede. Als er zur Ableistung des Offenbarungseides gezwungen wurde, führte er in dem Vermögensverzeichnis den Motor nicht auf. Er wurde wegen Unterschlagung und Meineids angeklagt, aber freigesprochen. Das Reichsgericht verwies die Sache zurück. Die An-

nahme einer Unterschlagung war mit der Begründung abgelehnt worden, daß der Angeklagte den Motor schon zu einer Zeit vergraben habe, da er sich noch für den Eigentümer halten konnte. Hiebei war aber nicht berücksichtigt, daß der Angeklagte später wiederholt, und zwar auch nach dem Zeitpunkt, in dem er an seinem Eigentum zu zweifeln begonnen hatte, den Besitz des vergrabenen Motors ableugnete; auch hierin konnte ein Aneignungswille zum Ausdruck kommen. Wenn eine sichere Feststellung über das Eigentum und über die Kenntnis des Angeklagten davon nicht möglich war, kam zum Mindesten ein mit bedingtem Vorsatz verübter Versuch der Unterschlagung in Frage. Auch hinsichtlich des Meineids war zu prüfen, ob nicht ein mit bedingtem Vorsatz begangener Versuch vorlag. Die Feststellung, daß der Angeklagte an seinem Eigentum zweifelte, ließ Raum für die Annahme, daß er mit der Möglichkeit seines Eigentums rechnete, aber auch für diesen Fall die Nichtaufnahme des Motors in das Vermögensverzeichnis und die Leistung des Eides auf Grund dieses Verzeichnisses wollte. (I, 18. Januar 1927.) Amtl. Sammlg. S. 159—160.
Vgl. Bd. 5 S. 253.

44. **Urkunde. Entwurf.** (StGB. §§ 267, 348.) Ein Beamter nahm Mahnschreiben der Steuerbehörde, die in das für den Vollziehungsbeamten bestimmte Fach gelegt waren, an sich und vernichtete sie. Wegen Urkundenbeseitigung angeklagt, berief er sich darauf, daß die Schriftstücke keinen Stempel oder Siegel trugen, also nur als Entwürfe anzusehen seien. Das Reichsgericht bestätigte das Urteil. Aus den Schriftstücken ging unzweideutig hervor, daß die Mahnungen von dem zuständigen Beamten der Behörde ausgestellt waren. Sie waren für den Übergang in den Rechtsverkehr bestimmt und stellten darum keine Entwürfe, sondern Urkunden dar. Urkunde im Sinne des § 348 StGB. ist ein Schriftstück, wenn es vermöge seines Gedankeninhalts geeignet und bestimmt ist, im Rechtsleben eine Tatsache zu beweisen, und wenn es seinen Aussteller erkennen läßt. Der weitergehenden Merkmale, die für den Begriff der öffentlichen oder der zum Beweis von Rechten oder Rechtsverhältnissen er-

heblichen Privaturkunden erfordert sind, bedarf es für den Tatbestand dieser Vorschrift nicht. Der Entwurf unterscheidet sich von der Urkunde dadurch, daß es sich bei ihm lediglich um eine Vorbereitung der Beurkundung handelt, dem Schriftstück mithin das Merkmal fehlt, zum Beweis im Rechtsleben bestimmt zu sein. Um auf seinen Aussteller hinzuweisen, bedarf ein Schriftstück nicht notwendig der Unterschrift, geschweige denn der Beidrückung eines Siegels oder Stempels. Es ist kein allgemeines Erfordernis der Urkunde, daß der Aussteller in ihr seinem Namen nach oder sonst persönlich gekennzeichnet ist. Gerade bei urkundlichen Äußerungen von Behörden oder Körperschaften kann es genügen, wenn aus ihnen erhellt, daß sie von dem zuständigen Beamten oder Vertreter ausgestellt sind. (III, 13. Januar 1927.) Amtl. Sammlg. S. 161—162. Vgl. Bd. 23 S. 236; Bd. 38 S. 46; Bd. 46 S. 297; Bd. 48 S. 125; Bd. 57 S. 310.

45. **Konditoreiware. Sonntagsruhe. Arbeiterschutzgesetze. Irrtum.** (BäckerVO. § 3, 6, 12; GewO. §§ 105 b, c, i, 146 a; IrrtVO.) Der Geschäftsführer einer mit einem Kaffeehaus verbundenen Konditorei stellte an einem Sonntag nachmittags nach 1 Uhr aus verschiedenen Sorten Speiseeis, das am vorhergehenden Tag hergestellt und in Kühleinrichtungen für den Sonntag aufbewahrt worden war, eine Eisbombe zusammen und ließ diese sowie Torten durch den Kraftwagenführer des Betriebs zu Bestellern verbringen. Er wurde wegen Verfehlung gegen die Bäckerverordnung verurteilt. Das Reichsgericht verwies die Sache zurück. An Sonn- und Festtagen darf in gewerblichen Bäckereien und Konditoreien nicht gearbeitet werden; zulässig sind jedoch (abgesehen von anderen Ausnahmen) Arbeiten, die zur Verhütung des Verderbens von Rohstoffen oder des Mißlingens von Arbeitserzeugnissen erforderlich sind, soferne diese Arbeiten nicht an Werktagen vorgenommen werden können; außerdem können die Landesbehörden für das Staatsgebiet oder für einzelne Bezirke gestatten, daß an Sonn- und Festtagen während höchstens drei Stunden verderbliche Waren ausgetragen werden. Das gilt für Bäckereien und Konditoreien, soweit sie Erzeugnisbetriebe sind; der damit in der Regel verbundene

handelsgewerbliche Betrieb unterliegt den Vorschriften der Gewerbeordnung über Sonntagsruhe im Handelsgewerbe. Nach den hierfür maßgebenden Ausführungsvorschriften war die Beschäftigung von Lehrlingen, Gehilfen und Arbeitern an allen Sonn- und Festtagen zum Verkauf von Konditorwaren in Konditoreien und deren Zweigstellen an Sonn- und Festtagen von 11 bis 1 Uhr gestattet. In Kaffeewirtschaften durften Konditoreiwaren an Gäste zum sofortigen Genuß auch außerhalb der für den Verkauf von Konditoreiwaren zugelassenen Stunden abgegeben werden, dagegen war auch dort die nach der Bäckerverordnung verbotene Arbeit untersagt. Hienach war an sich die Verurteilung gerechtfertigt. Die Zusammenstellung einer Eisbombe aus dem am Sonnabend hergestellten Eis stellte sich als eine durch die Bäckerverordnung verbotene Sonntagsarbeit dar. Konditoreiwaren sind nicht nur solche, die aus Mehl mittels Ofenhitze hergestellt werden; ausschlaggebend ist vielmehr, ob es sich um Waren handelt, die regelmäßig oder vorwiegend in Konditoreibetrieben hergestellt zu werden pflegen. Bei der Herstellung der Bombe handelte es sich nicht nur um eine Zurichtungsarbeit für den Verkauf; dieser Begriff umfaßt wohl das Zerteilen und Einwickeln fertiger Waren, unter Umständen auch ihre Anordnung auf einer Platte, niemals aber die Fertigstellung einer zum Teil hergestellten Ware. Die Arbeit war auch weder zur Verhütung des Verderbens von Rohstoffen noch zur Verhütung des Mißlingens eines Arbeitserzeugnisses erforderlich. Es geht nicht an, Speiseeis als Rohstoff zu bezeichnen; aber selbst wenn man es unter diesen Begriff bringen wollte, war doch seine Verarbeitung zu einer Eisbombe nicht geeignet, sein Verderben zu verhüten, soweit ein solches zu befürchten war. Im gegebenen Fall bestand überdies gar kein Anlaß zu einer solchen Befürchtung, da das Eis ohne Gefahr des Verderbs auf den folgenden Werktag aufbewahrt werden konnte. Ein Mißlingen eines Arbeitserzeugnisses ist nur möglich, solange die ordnungsmäßige Erzeugung nicht beendigt ist. Ist eine Ware ordnungsmäßig erzeugt und ihre Beschaffung auch nicht durch einen außerhalb des Herstellungsverfahrens liegenden Zufall beeinträchtigt worden, so ist sie im Augenblick der Fertigstellung gelungen. Ein nachträglicher Verderb kann hieran nichts mehr ändern. Die Eisbombe hätte ohne Gefahr des Mißlingens auch am Samstag hergestellt werden können. Eine planmäßige Regelung des Betriebs, welche die Verrichtung solcher Arbeiten an Sonn- und Feiertagen erforderlich macht, ist nicht zulässig. Auch die Gestattung des Austragens leicht verderblicher Waren an Sonn- und Festtagen ist nicht in diesem Sinne auszulegen; es gibt auch leicht verderbliche Waren, die nicht unmittelbar vor dem Genuß hergestellt werden müssen. Die Bäckerverordnung ist als ein Arbeiterschutzgesetz streng auszulegen; die Ausnahmen sind auf das Äußerste zu beschränken. Das folgt auch daraus, daß die Vorschrift des § 105e der Gewerbeordnung, die den höheren Verwaltungsbehörden die Befugnis gibt, für Gewerbe, deren vollständige oder teilweise Ausübung an Sonn- und Festtagen zur Befriedigung täglicher oder an diesem Tag besonders hervortretender Bedürfnisse der Bevölkerung erforderlich ist, Ausnahmen von den Bestimmungen über die Sonntagsruhe zu bewilligen, für das Gebiet der Bäckerverordnung außer Kraft gesetzt ist. Hieraus ist deutlich zu erkennen, daß die Bedürfnisse des Publikums gegenüber den sozialen Belangen der Arbeitnehmer in den Hintergrund zu treten haben, daß ein Verzicht auf den Verkauf und Genuß von solchen Bäcker- und Konditoreiwaren verlangt wird, die nur unter Durchbrechung der Sonntagsruhe hergestellt werden könnten. Ein Gesetzentwurf, der die Herstellung leicht verderblicher Konditoreiwaren an den Sonn- und Festtagen gestattet hatte, wurde aus sozialen Bedenken dem Reichstag nicht vorgelegt. Es geht nicht an, daß, was er durch eine Änderung des Gesetzes zulassen wollte, durch eine ausdehnende Auslegung der Verordnung herbeizuführen. Zu prüfen war aber, ob nicht die Voraussetzungen der Irrtumsverordnung zutrafen, weil der Angeklagte seine Tat für erlaubt hielt und sich über die Anwendbarkeit der Strafvorschriften irrte. (I, 18. Januar 1927.) Amtl. Sammlg. S. 162—173. Vgl. Bd. 57 S. 108.

46. Untreue. Bevollmächtigter. Vermögensstück. StGB. § 266.) Um sich ein Darlehen zu verschaffen

stellte ein Hausbesitzer einen Grundschuldbrief aus und übergab ihn einem Vermittler mit der Ermächtigung, die Grundschuld abzutreten. Der Vermittler erteilte einem anderen Vermittler Untervollmacht und trat ihm die Grundschuld ab. Dieser verwendete sie für sich. Er wurde wegen Untreue verurteilt; seine Revision wurde verworfen. Durch die Untervollmacht wurde der Angeklagte Bevollmächtigter des ursprünglichen Auftraggebers; er sollte mit Hilfe der Grundschuld diesem ein Darlehen verschaffen. Durch die Abtretung der Grundschuld wurde der Fortbestand des Grundschuldbriefes als Vermögensstück des Auftraggebers nicht in Frage gestellt; da die Übertragung nur zu treuen Handen und zum Zwecke der Erlangung eines Darlehens für den Auftraggeber erfolgte, blieb er nach innen (wirtschaftlich) in dessen Vermögen. (I, 18. Januar 1927.)
Amtl. Sammlg. S. 174—175.

47. **Ausbleiben des Angeklagten.** (StPO. § 329.) Gegen einen Angeklagten waren zwei Berufungsverhandlungen angesetzt; in dem ersten Fall hatte er, in dem zweiten der Staatsanwalt Berufung eingelegt. Er erschien mit seinem Verteidiger rechtzeitig vor Gericht. Da eben ein Fall unter Ausschluß der Öffentlichkeit verhandelt wurde und der Gerichtsdiener ihm mitteilte, daß die Sache länger dauern werde, begab er sich mit seinem Verteidiger in eine benachbarte Wirtschaft und ersuchte den Gerichtsdiener, ihn rechtzeitig zu holen. Beim Aufruf der ersten Sache war er noch nicht zurückgekehrt. Der Gerichtsdiener teilte dem Vorsitzenden den Hergang mit; nachdem einige Minuten zugewartet worden war, ohne daß der Angeklagte erschien, wurde seine Berufung verworfen und in die Hauptverhandlung der zweiten Sache eingetreten. Nunmehr fand sich der Angeklagte ein. Er war schon beim Aufruf der ersten Sache im Gerichtsgebäude gewesen, hatte aber noch auf seinen Verteidiger gewartet. Seine Revision hatte keinen Erfolg. Wenn der Angeklagte beim Aufruf seiner Sache nicht im Sitzungssaal anwesend ist, muß das Gericht erst den Versuch einer Nachschau im Gerichtsgebäude vornehmen lassen, soweit dies ohne größeren Aufenthalt geschehen kann. Das Gericht muß selbst auf den noch nicht erschienenen Angeklagten eine geringe Zeit warten, wenn ihm be-

kannt ist, daß er sich auf dem Weg zu ihm befindet und in kurzer Zeit erscheinen wird. Eine solche Rücksichtnahme, die im bürgerlichen Leben eine Selbstverständlichkeit bildet, muß auch von den Gerichten beobachtet werden und bildet für diese nicht nur eine Ehrenpflicht, sondern muß in Fällen wie im vorliegenden im Hinblick auf die schweren Folgen eines Rechtsmittelverlustes geradezu als eine Rechtspflicht angesehen werden. Die Berufung durfte nur dann verworfen werden, wenn auch die ohne besondere Umständlichkeiten mögliche Nachschau ergebnislos gewesen und dem Gericht kein Grund bekannt geworden war, der eine vorübergehende Abwesenheit des Angeklagten rechtfertigte. Wenn aber der Angeklagte sich mit seinem Verteidiger entfernte, um eine Wirtschaft aufzusuchen, widersprach es der Würde des Gerichts, zu warten, bis er sich wieder einfand; es war ihm auch vom Gerichtsdiener erklärt worden, daß er, wenn er wegging, das auf seine Gefahr tue. Allerdings hätte das Gericht in die Verhandlung der zweiten, noch gegen den Angeklagten anhängigen Sache zunächst eintreten können; es wäre sogar mit der Würde des Gerichts nicht vereinbar gewesen, wenn es trotz klarer Erkenntnis der Lage die beiden Sachen in der dem Angeklagten nachteiligen Reihenfolge behandelt hätte. Die Erhebungen boten aber keinen Anhaltspunkt dafür, daß eine solche Erkenntnis gegeben war; das Gericht war erst nach Verwerfung der Berufung im ersten Fall darauf aufmerksam geworden, daß die zweite Sache auch ohne den Angeklagten hätte verhandelt werden können. Unter solchen Umständen beruhte das Ergebnis auf einem für den Angeklagten mißlichen Zufall. Einem rechtlichen Bedenken unterlag das Urteil nicht. (I, 21. Januar 1927.)
Amtl. Sammlg. S. 175—178.

48. **Schwere Freiheitsberaubung. Versuch.** (StGB. §§ 43, 239.) Freiheitsberaubung wird mit Zuchthaus bestraft, wenn die Freiheitsentziehung über eine Woche gedauert hat. Die Möglichkeit des Versuchs einer schweren Freiheitsberaubung in dieser Begehungsform wird im Schrifttum überwiegend verneint. Dabei werden jedoch zwei Fälle nicht ausreichend unterschieden. Für die Anwendung der Vorschrift genügt zwar schon die rein äußere Frage, daß die Freiheitsentziehung über eine

Woche gedauert hat. Aber hierauf ist die Vorschrift nicht beschränkt; sie umfaßt auch den Fall, daß der Täter die schwere Folge gewollt hat. Soweit es sich um einen rein äußeren, vom Täter nicht gewollten Erfolg handelt, ist ein Versuch unmöglich, denn hier fehlt es an dem auf die schwere Freiheitsberaubung gerichteten Entschluß. Im anderen Fall dagegen sind dieser Entschluß und seine Betätigung durch Amtshandlungen rechtlich und tatsächlich möglich; bleibt der gewollte Erfolg aus, so liegt ein strafbarer Versuch vor. Man braucht nur an den Fall zu denken, daß der Täter, um sich eines unbequemen Verwandten zu entledigen, diesen widerrechtlich in das Irrenhaus verbringt; es ist nicht abzusehen, warum hier ein strafbarer Versuch der schweren Freiheitsberaubung ausgeschlossen sein soll, wenn die Ärzte nach kurzer Zeit die geistige Gesundheit des Eingesperrten erkennen und ihn entlassen. (III, 24. Januar 1927.)

Amtl. Sammlg. S. 179—180.

Vgl. Bd. 9 S. 67.

49. **Ausbleiben des Angeklagten. Wiedereinsetzung in den vorigen Stand.** (StPO. §§ 44, 329.) Gegen ein schöffengerichtliches Urteil legten der Staatsanwalt und der Angeklagte Berufung ein. In der Hauptverhandlung erschien der Angeklagte nicht. Seine Berufung wurde verworfen, auf die Berufung des Staatsanwalts hin die Strafe erhöht. Gegen das Urteil legte der Angeklagte Revision ein; anderseits bat er um Wiedereinsetzung in den vorigen Stand wegen Versäumung des Termins. Dem Gesuch wurde stattgegeben. Das Berufungsgericht verhandelte sowohl über die Berufung des Angeklagten als über jene des Staatsanwalts neuerdings. In dem Urteil wurde keine der früheren Entscheidungen ausdrücklich aufgehoben, sondern einfach neu erkannt. Das Reichsgericht erklärte das für richtig. Wird einem Gesuch um Wiedereinsetzung in den vorigen Stand stattgegeben, so wird die nachgeholte versäumte Handlung genau so behandelt, als ob sie innerhalb der Frist vorgenommen worden wäre; die Fristversäumung und ihre Folgen gelten als nicht eingetreten. Damit wird den auf Grund der Fristversäumung ergangenen Entscheidungen die gesetzliche Grundlage nachträglich kraft Gesetzes wieder entzogen; sie verlieren ohne weiteres ihren Rechtsbestand. Das

traf auch für das auf die Berufung des Staatsanwalts ergangene Urteil zu, da über sie in Abwesenheit des Angeklagten nur verhandelt werden durfte, wenn er nicht genügend entschuldigt war. Durch die Wiedereinsetzung in den vorigen Stand wurden also beide Entscheidungen hinfällig. Damit war auch die gegen die eine von ihnen eingelegte Revision ohne weiteres erledigt; für eine Entscheidung über sie war kein Raum mehr. (II, 27. Januar 1927.) Amtl. Sammlg. S. 180—181.

50. **Verteidigung.** (StPO. §§ 140, 143, 144, 145, 338.) In einem Verfahren wegen eines Verbrechens wurde dem Angeklagten auf seinen Antrag ein Verteidiger bestellt; die Bestellung wurde zurückgenommen, nachdem der Angeklagte einen Verteidiger gewählt hatte. In der Verhandlung erschien der gewählte Verteidiger nicht. Sie wurde in seiner Abwesenheit durchgeführt. Die Revision des Angeklagten hatte keinen Erfolg. Der an die Stelle des Pflichtverteidigers getretene Wahlverteidiger gehört nicht zu den Personen, deren Anwesenheit in der Hauptverhandlung das Gesetz zwingend vorschreibt; das Gericht brauchte weder die Verhandlung bis zu seinem Erscheinen aussetzen noch einen anderen Verteidiger bestellen. (II, 27. Januar 1927.)
Amtl. Sammlg. S. 182.

51. **Metallverkehr. Buchungspflicht. Transitgeschäfte. Sperrvorschrift. Wechsel der Gesetzgebung. Zeitgesetz. Mildestes Strafgesetz.** (MetVerkG. §§ 6, 7; GewO. § 151; StGB. § 2.) Ein Metallwarenhändler verkaufte im Sommer 1925 große Mengen alten Metalls, ohne darüber Buch zu führen. Er wurde wegen unterlassener Buchung und wegen Verfehlung gegen die Sperrvorschrift verurteilt; ebenso sein Bruder, der bei ihm als Buchhalter tätig war. Seine Revision wurde verworfen; jene seines Bruders hatte Erfolg. Die Vorschriften des Metallverkehrgesetzes über die Buchungspflicht haben polizeilichen Charakter; sie wollen Handhaben schaffen, um zum Zwecke der Verhütung oder Ausspürung strafbarer Handlungen Herkunft und Verbleib des im Handel umlaufenden Altmetalls verfolgen zu können. Als Träger der Pflicht erscheint in erster Linie der Gewerbetreibende selbst; eine andere Person, statt seiner oder neben ihm, kommt nur als sein Stellvertreter in Frage

und auch das nur insoweit, als die Zuwiderhandlung in den Rahmen des ihr übertragenen Teils des Gewerbebetriebs fällt. Demgemäß hätte bezüglich des Bruders des angeklagten Gewerbeinhabers festgestellt werden müssen, ob er als Mitinhaber des Gewerbebetriebs oder als selbständiger, den Inhaber vertretender Betriebsleiter haftbar war. Die Revision des Angeklagten war darauf gestützt gewesen, daß Transitgeschäfte nicht buchungspflichtig seien und daß zufolge der Aufhebung der Sperrvorschrift durch das Metallverkehrsgesetz vom Jahre 1926 wegen Verletzung dieser Vorschrift keine Bestrafungen mehr stattfinden können. Das Landgericht hatte den ersten Einwand mit der Begründung verworfen, daß unter Erwerbung im Sinne des Metallverkehrsgesetzes jeder im Rahmen des Handels mit Altmetall zum Zwecke des Umsatzes vorgenommene Ankauf falle, bei dem der Käufer über die Ware weiter verfügen könne, gleichviel, ob sie ihm übergeben oder von ihm auf Lager genommen sei; gegenüber dem zweiten Einwand hatte es ausgeführt, daß die Sperrvorschriften ein Zeitgesetz gewesen sei, also auch nach der Aufhebung auf früher begangene Taten Anwendung finden. Das Reichsgericht trat diesen Ausführungen bei. (III, 3. Februar 1927.) Amtl. Sammlg. S. 183—186.

52. **Lohnsteuer. Umsatzsteuer. Verkürzung. Hinterziehung. Gefährdung.** (RAbgO. §§ 359, 367, 377; UmsStG. § 8.) In einer Fabrik wurde die Lohnsteuer wohl in Abzug gebracht, aber nicht an das Finanzamt abgeliefert. Die hiewegen angeklagten Inhaber der Fabrik beriefen sich darauf, daß sie wegen ihrer ungünstigen wirtschaftlichen Lage die Ablieferung unterlassen, aber nicht den Willen gehabt hätten, den Fiskus um die Steuer zu verkürzen. Das Landgericht verurteilte sie nur wegen Ordnungswidrigkeit. Die Revision des Finanzamts führte zur Aufhebung des Urteils. Der Vorsatz der Steuerverkürzung wird schon erfüllt durch das Bewußtsein, Steuereinnahme zu verkürzen; die Absicht, die Steuer endgültig vorzuenthalten, ist nicht erforderlich. Auch der verspätete Eingang fälliger Steuern kann eine Verkürzung von Steuereinnahmen bedeuten. Allerdings ist sowohl für den Begriff der Verkürzung wie für den der Hinterziehung von Steuern ein steuerwidri-

ges und steuerunehrliches Verhalten erforderlich; ein solches liegt insbesondere vor, wenn durch vorsätzliche Unterlassung der gebotenen Offenbarung steuerrechtlich erheblicher Tatsachen die Steuerbehörde überhaupt keine Kenntnis von der Steuerschuld erhält, so daß hiedurch die rechtzeitige Veranlagung, Festsetzung, Beitreibung oder Vereinnahmung einer nach den Steuergesetzen zu beanspruchenden Steuer vereitelt wird. Ein solches Verschweigen der Steuerpflicht kann auch bei der Lohnsteuer vorkommen; wenn auch das Finanzamt vermuten kann, daß in einem ihm bekannten Betrieb regelmäßig Abzüge vom Arbeitslohn einbehalten werden und abzuführen sind, so bleibt es doch, wenn keine Zahlung erfolgt und der Steuerpflichtige auch nicht auf andere Weise, insbesondere durch ein Stundungsgesuch, seine Steuerschuld ausreichend offenbart, in Unkenntnis über die Höhe der fällig gewordenen Beiträge und wird gehindert, alsbald durch deren Beitreibung zur Vereinnahmung der angefallenen Steuer zu gelangen. Ist sich der Steuerpflichtige dessen bei Unterlassung der Zahlung oder der sonstigen Offenbarung der Lohnsteuerschuld bewußt, so hat er den Vorsatz der Steuerverkürzung. Soweit die Angeklagten wegen ihrer mißlichen Vermögenslage die Löhne nicht gezahlt hatten, waren sie auch zur Ablieferung der Lohnsteuer nicht verpflichtet. Auch die Umsatzsteuer war nicht gezahlt worden. Das Landgericht hatte die Angeklagten nur wegen Steuergefährdung verurteilt. Die Revision des Finanzamts, das Verurteilung wegen Steuerhinterziehung verlangte, hatte keinen Erfolg. Sie war damit begründet, daß die Steuer mit Empfang des Kaufpreises vereinnahmt werde und daß also der Steuerpflichtige immer zahlungsfähig und in der Lage sei, die Steuer zu den Fälligkeitsterminen abzuliefern. Dieser Auffassung trat das Reichsgericht nicht bei. Richtig ist zwar, daß nur vereinnahmte Entgelte für eine steuerpflichtige Leistung bei der Berechnung der Umsatzsteuer in Betracht zu ziehen sind; insoferne kann immerhin davon gesprochen werden, daß durch die Entgelte dem Steuerpflichtigen zugleich die dafür als Umsatzsteuer zu entrichtenden Beträge zufließen. Daraus ergibt sich aber nicht, daß der Steuerpflichtige von den Einnahmen den darauf ruhenden Steuerbetrag jeweils aufzubewahren oder ihn doch zur rechtzeitigen Steuerentrichtung verfügbar zu halten habe, so daß, wenn er den Betrag anderweitig verwendet, darin eine Veruntreuung schon vereinnahmter Steuerbeträge zu finden wäre. Die Steuer ist nicht aus den vereinnahmten Entgelten zu entrichten, sie wird nur daraus berechnet. Für die Verpflichtung, die Umsatzsteuer bei Fälligkeit zu zahlen und die Mittel dafür zu beschaffen, gelten keine anderen Grundsätze als für sonstige Abgaben, die nur eine persönliche öffentlich-rechtliche Geldschuld darstellen. Die bloße Unterlassung der Abführung fälliger Beträge, selbst wenn sie vorsätzlich geschieht, ist nicht ohne weiteres als Hinterziehung strafbar; vielmehr muß auch hier eine Steuerunehrlichkeit, insbesondere eine Steuerverheimlichung hinzutreten. Die Angeklagten hatten die vorgeschriebenen Voranmeldungen durch ihren Buchhalter einreichen lassen; sie hatten also ihrer Steueroffenbarungspflicht genügt. Wären die Voranmeldungen richtig gewesen, so hätte auch keine Steuergefährdung vorgelegen, da das Finanzamt in der Lage gewesen wäre, die angemeldeten Beträge nachzufordern und beizutreiben. Der Buchhalter hatte aber in Unkenntnis der gesetzlichen Bestimmungen zu niedrige Beträge eingesetzt; die Angeklagten hatten sich auf ihn, ohne zu wissen, ob er vom Steuerwesen etwas verstand, vollkommen verlassen. Darin war mit Recht eine Fahrlässigkeit gefunden worden, auf der die Verkürzung der Umsatzsteuer beruhte. Dies rechtfertigte ihre Verurteilung wegen Steuergefährdung. (II, 3. Februar 1927.)

Amtl. Sammlg. S. 186—191. Vgl. Bd. 60 S. 307.

53. **Schule. Züchtigungsrecht. Übertragung elterlicher Rechte. Rechtsirrtum.** (StGB. §§ 59, 223, 340; SächsSchulBedG. § 28.) In Sachsen ist die körperliche Züchtigung von Schülern für unzulässig erklärt. Ein Lehrer gab trotzdem einem Schüler, der ihm Brotkrumen an den Kopf geworfen hatte, zwei Ohrfeigen. Er wurde wegen Körperverletzung im Amte verurteilt. Seine Revision hatte Erfolg. Auf eine im Amte begangene Körperverletzung finden die Vorschriften über Erwiderung auf der Stelle keine Anwendung. Auch von Notwehr konnte keine Rede sein. Dagegen war zu prüfen, ob der Angeklagte die Zustimmung der Eltern des Schülers

nach Lage des Falles annehmen durfte. Allerdings übt der Lehrer, wenn er die Schulzucht handhabt, öffentliche Gewalt aus, ist hierbei den schulrechtlichen Vorschriften unterworfen und macht sich dienstrechtlich strafbar, wenn er sie nicht beachtet. Dadurch wird aber nicht ausgeschlossen, daß ihm andere Rechtfertigungsgründe zur Seite stehen, insbesondere, daß er das Erziehungsrecht der Eltern auf Grund einer Übertragung für diese ausüben kann. Ein abgeleitetes Züchtigungsrecht in dem Sinne, daß Erwachsene allgemein, also ohne Rücksicht auf das Einverständnis der Eltern, Kinder, die von ihnen bei Vergehen oder Ungehörigkeiten betroffen werden, züchtigen dürfen, ist zwar dem geltenden Recht fremd. Ein solches Recht kann auch dann nicht anerkannt werden, wenn Eltern pflichtgemäß ihrerseits eine solche Züchtigung vornehmen müßten. Das Züchtigungsrecht der Eltern fließt aus dem elterlichen Erziehungsrecht, das als ein höchst persönliches und daher unveräußerliches anzusehen ist. Möglich ist aber, daß die Handhabung des Züchtigungsrechts von den Eltern einer anderen Person, sei es unter Einschränkung auf gewisse Fälle oder Zuchtmittel, sei es zur Ausübung nach eigenem Ermessen übertragen wird. Ist das geschehen, so handelt es sich weder um einen Akt der Schulzucht, noch um eine Geschäftsführung ohne Auftrag im vermuteten Einverständnis der Eltern, sondern um die Ausübung des elterlichen Züchtigungsrechts auf Grund der Übertragung seiner Ausübung. In einem solchen Fall kann in einer Züchtigung eines Schülers durch den Lehrer, selbst wenn er sich wegen Verstoßes gegen die Schulordnung dienstrechtlicher Ahndung aussetzt, eine rechtswidrige Körperverletzung nicht erblickt werden. Das Sächsische Schulbedarfgesetz konnte und wollte eine solche Übertragung des elterlichen Züchtigungsrechts nicht verbieten. Wenn der Angeklagte irrtümlich eine Ermächtigung der Eltern zu der vorgenommenen Züchtigung annahm, lag dieser Irrtum außerhalb des Strafrechts und mußte zugunsten des Angeklagten beachtet werden. (I. 8. Februar 1927.) Amtl. Sammlg. S. 191—194. Vgl. Bd. 4 S. 98; Bd. 6 S. 436; Bd. 12 S. 226; Bd. 33 S. 32.

54. Meineid. Widerruf. (StGB. §§ 154, 158.) Ein Mädchen hatte in einem Rechtsstreit als Zeugin eidlich ausgesagt, innerhalb bestimmter Zeit außer mit dem Beklagten mit keinem anderen Mann geschlechtlich verkehrt zu haben. Nachdem der Beklagte zwei andere Männer als Zeugen für die Unwahrheit dieser Aussage benannt hatte, gab sie zu, mit einem von ihnen verkehrt zu haben. In Wahrheit hatte sie mit beiden verkehrt. Sie war wegen Meineids verurteilt worden; einen Widerruf hatte das Gericht in ihrer Erklärung nicht erblickt, weil die Erklärung sich nur auf den Geschlechtsverkehr mit dem einen Mann bezog. Die Revision hatte Erfolg. Wäre die Erklärung noch innerhalb des Eides abgegeben worden, so hätte sie der Aussage das Merkmal der Unwahrheit nicht genommen; es wäre dann eine zwar teilweise berichtigte, insgesamt aber immer noch unwahre eidliche Aussage vorgelegen, die als einheitlich und unteilbar anzusehen war. Dagegen war die außerhalb der Aussage abgegebene Erklärung als Widerruf zu würdigen. Nach dem Wortlaut und Sinn der Aussage bildete den Kernpunkt des Zeugnisses die Angabe, daß die Zeugin innerhalb der Empfängniszeit mit keinem anderen Mann als dem Beklagten Geschlechtsverkehr gehabt hatte. Diese Aussage hatte sie durch ihre Erklärung unzweideutig widerrufen. Ob sie damit die volle Wahrheit bekannte, war für die Frage des Widerrufs ohne Belang; dieser verlangt nicht die Angabe der richtigen Tatsachen, sondern nur die Zurücknahme der falschen Aussage und hierzu genügt jede Erklärung, durch die anerkannt wird, daß der Inhalt der früheren eidlichen Erklärung unrichtig ist. (II, 10. Februar 1927.) Amtl. Sammlg. S. 194—197.

Vgl. Bd. 58 S. 184, 380; Bd. 59 S. 87.

55. Doppelehe. Eheschließung im Ausland. Heeresangehörige. (StGB. § 171; EGzBGB. Art. 11.) Ein Soldat, der nach Beendigung des Kriegs in Polen geblieben war und erst am 24. November 1920 aus dem Heeresverband entlassen wurde, ging dort eine Ehe ein, obwohl er schon verheiratet war. Wegen Doppelehe angeklagt, berief er sich darauf, daß er als deutscher Heeresangehöriger eine rechtsgültige Ehe in Polen nicht habe schließen können. Das Landgericht lehnte eine Beweiserhebung darüber, ob der Angeklagte zur Zeit der Eheschließung noch deutscher Staatsangehöriger war, mit der Begründung ab, daß diese Tatsache für die Frage unerheblich sei, ob er in Polen eine formell gültige Ehe geschlossen habe. Dieser Auffassung trat das Reichsgericht bei. Für die formelle Gültigkeit der Ehe genügte die Beobachtung der Ortsgesetze; diese waren eingehalten worden. Die materielle Richtigkeit einer Ehe schließt ihre formelle Gültigkeit nicht aus. (II, 10. Februar 1927.)

Amtl. Samlg. S. 197—199.

Vgl. Bd. 41 S. 114; Bd. 55 S. 279; Bd. 56 S. 429; RGZ. Bd. 88 S. 191.

56. Meineid. Anstiftung. Fortgesetzter Zusammenhang. Tateinheit. Tatmehrheit. Gesetzeseinheit. (StGB. §§ 48, 73, 153.) Mehrere Burschen überfielen auf der Straße einen Wagen und suchten die darauf befindlichen Waren sich anzueignen. Gegen drei von ihnen wurde ein Ermittlungsverfahren wegen Straßenraubs eingeleitet. Der Bruder eines der Angeklagten, der ebenfalls an der Tat beteiligt war, wurde als Zeuge vernommen. Er sagte aus, daß er nichts von der Sache wisse; die Beeidigung lehnte er ab. Die Mitangeklagten wurden zur Herbeiführung einer wahren Aussage eidlich vernommen; sie sagten in der gleichen Weise aus, da der Zeuge sie hiezu bestimmt hatte. Im Verlauf der Voruntersuchung verweigerte der Zeuge die Aussage, soweit sie seinen Bruder betraf; im übrigen hielt er auf Eid die frühere Aussage aufrecht. Das Schwurgericht verurteilte ihn wegen Meineids in Tateinheit mit Anstiftung zum Meineid. Seine Revision hatte Erfolg. Die Annahme einer Tateinheit zwischen der Anstiftung zum Meineid und dem Meineid des Angeklagten war verfehlt. Eine Einheit zwischen der Anstiftung eines anderen zu einer bestimmten Straftat und der Begehung einer Straftat gleicher Art ist denkbar in Gestalt der Gesetzeseinheit, wenn der Anstifter an der Straftat, zu der er angestiftet hat, als Mittäter mitwirkt; die Anstiftung wird dann durch die Täterschaft aufgezehrt. Beim Meineid kommt aber weder mittelbare Täterschaft, noch Mittäterschaft in Frage. Wer unter Eid der Wahrheit zuwider eine Angabe macht, verletzt immer nur seine eigene Pflicht, die Wahrheit zu sagen; die einem anderen obliegende Pflicht kann er damit nicht verletzen. Aber auch Einheit in Gestalt des Fortsetzungszusammenhangs ist zwischen Meineid und Anstiftung zum Meineid selbst dann nicht möglich, wenn beide auf das gleiche Ziel gerichtet sind und der Eid des Anstifters die gleiche Unwahrheit zum Gegenstand hat wie der Eid des Angestifteten. Zur Begründung des Fortsetzungszusammenhangs gehört neben der Gleichheit des verletzten Rechtsguts die Gleichartigkeit der einzelnen Handlungen und die Einheitlichkeit des hierauf gerichteten Vorsatzes. Die Bestimmung eines anderen zu einer Straftat, die für den Bestimmenden ihrem Wesen nach eine fremde sein muß, ist aber der Begehung einer gegen das gleiche Strafgesetz verstoßenden eigenen Tat nicht gleichartig. Dementsprechend ist auch der Vorsatz nicht einheitlich, wenn auch die beiden Vorsätze auf das gleiche Endziel gerichtet und dem gleichen allgemeinen Entschluß entsprungen sind. Hiernach hätte zwischen der Anstiftung zum Meineid und dem Meineid des Angeklagten Tatmehrheit angenommen werden müssen. Daraus ergab sich für den Angeklagten im vorliegenden Fall eine Beschwerung, weil dem Angeklagten die Strafermäßigung versagt worden war, die für ihn hinsichtlich seiner eigenen Aussage in Frage kam, weil er durch die Angabe der Wahrheit sich selbst einer Verfolgung (wegen versuchten Straßenraubs und Anstiftung zum Meineid) aussetzte. (I, 11. Februar 1927.)

Amtl. Sammlg. S. 199—202.

Vgl. Bd. 4 S. 377; Bd. 22 S. 106; Bd. 37 S. 92.

57. **Amtsunterschlagung. Betrug. Richterliche Überzeugung. Tateinheit. Tatmehrheit. Gegenstand der Urteilsfindung.** (StGB. §§ 73, 74, 263, 350, 351; StPO. § 266.) Einem Beamten war zur Last gelegt, aus der ihm anvertrauten Kasse Geld entnommen und zur Verdeckung die Bücher unrichtig geführt zu haben. Das Landgericht stellte fest, daß er zur Deckung eines Fehlbetrags die Bücher unrichtig geführt und einen Einbruchdiebstahl vorgetäuscht habe, hielt es aber für möglich, daß das Geld ohne eine strafbare Handlung des Angeklagten abhanden gekommen sei und erkannte auf Freisprechung. Die Revision des Staatsanwalts hatte Erfolg. Soweit sie dahin ging, daß auch auf Grund der Feststellung des Landgerichts der Angeklagte sich eines Be-

trugsversuchs schuldig gemacht habe, trat ihr das Reichsgericht nicht bei. Wenn nachgewiesen worden wäre, daß der Angeklagte den fehlenden Geldbetrag unterschlagen hatte, wäre ausschließlich ein Verbrechen der erschwerten Amtsunterschlagung in Frage gekommen. Durch eine falsche Buchführung, mag sie zur Vorbereitung oder Verdeckung einer Unterschlagung vorgenommen werden, will der Beamte stets falsche Tatsachen vorspiegeln oder wahre Tatsachen unterdrücken. Darin liegt nicht der Tatbestand des Betrugs, auch nicht in Tateinheit mit Amtsunterschlagung; vielmehr wird das in der falschen Buchführung notwendig liegende Täuschungsvorgehen ausschließlich durch die Vorschrift über die erschwerte Amtsunterschlagung getroffen. Ein Betrugsversuch hätte dann angenommen werden können, wenn der Angeklagte eine Unterschlagung nicht begangen hatte, sondern der Betrag sonstwie abhanden gekommen war, und der Angeklagte die Bücher falsch führte zu dem Zweck, die Behörde auf eine falsche Spur zu leiten und einer Geltendmachung seiner Haftung vorzubeugen. Die Vorspiegelung eines Einbruchdiebstahls würde nicht nur in diesem Fall, sondern auch dann als Betrug oder Betrugsversuch strafbar sein, wenn der Angeklagte die Amtsunterschlagung begangen und den Einbruchdiebstahl zu dem Zweck vorgetäuscht hätte, sich vor einer Schadenersatzklage zu sichern. Ein solcher Betrug oder Betrugsversuch würde zu einem vorher begangenen Verbrechen der erschwerten Amtsunterschlagung im Verhältnis der Tatmehrheit gestanden, also nicht mit ihr dieselbe Tat gebildet haben. Diese Tat hätte also in dem Verfahren wegen Amtsunterschlagung ohne Zustimmung des Angeklagten nicht zur Aburteilung gebracht werden können. Das Landgericht hatte angenommen, daß zwar der dringende Verdacht einer Amtsunterschlagung vorliege, daß aber die Möglichkeit nicht ausgeschlossen sei, daß der Angeklagte nur Fehlbeträge, die aus mangelhafter Geschäftsführung entstanden waren, habe verdecken wollen, um sich dadurch im Amt zu erhalten und eine Heranziehung zum Schadenersatz zu verhüten. Bei dieser Sachlage war es irrig und enthielt einen Gedankensprung, wenn man davon ausgehen wollte, daß deshalb, weil Unterschlagung nicht nachgewiesen war, einfach das Nichtvorliegen einer Unterschlagung als Tatsache zu gelten hätte. Hatte der Angeklagte die Amtsunterschlagung begangen, so war die falsche Buchführung nichts als ein erschwerender Umstand der Unterschlagung und die Vortäuschung des Diebstahls hatte überhaupt in diesem Verfahren außer Betracht zu bleiben. Sollte die falsche Buchführung und die Vortäuschung als selbständiger Tatbestand gewürdigt werden, so mußte feststehen, daß der Angeklagte keine Unterschlagung begangen hatte. Eine Verurteilung auf Grund der Feststellung, daß entweder der Tatbestand der einen oder der anderen Verfehlung gegeben sei, kennt das geltende Recht nicht. Ließ sich nicht feststellen, ob der Tatbestand der erschwerten Amtsunterschlagung oder jener des Betrugs oder Betrugsversuchs vorlag, so konnte das Urteil nur auf Freisprechung lauten. Das Landgericht hatte aber die Anforderungen für die Gewinnung einer zur Verurteilung ausreichenden richterlichen Überzeugung zu hoch gespannt. Ein absolut sicheres Wissen, demgegenüber das Vorliegen eines gegenteiligen Tatbestandes absolut ausgeschlossen wäre, ist der menschlichen Erkenntnis bei ihrer Unvollkommenheit überhaupt verschlossen. Wollte man für eine Verurteilung eine Sicherheit so hohen Grades verlangen, so wäre eine Rechtsprechung so gut wie unmöglich. Wie es allgemein im Verkehr üblich ist, so muß auch der Richter sich mit einem so hohen Grad von Wahrscheinlichkeit begnügen, wie er bei möglichst erschöpfender und gewissenhafter Anwendung der vorhandenen Mittel der Erkenntnis entsteht. Ein so hoher Grad von Wahrscheinlichkeit gilt als Wahrheit. (I, 15. Februar 1927.)

Amtl. Sammlg. S. 202—207.

Vgl. Bd. 51 S. 127; Bd. 58 S. 13.

58. **Amtsunterschlagung. Vorsatz. Bewußtsein der Rechtswidrigkeit. Irrtum.** (StGB. §§ 59, 246, 350.) Ein Postbeamter nahm aus der ihm anvertrauten Kasse Geld und verbrauchte es für sich. Wegen Amtsunterschlagung angeklagt, verteidigte er sich damit, daß er die entnommenen Beträge als Gehaltsvorschüsse angesehen und mit der Genehmigung seines Vorgehens durch die vorgesetzte Stelle gerechnet habe. Das Landgericht sprach ihn frei mit der Begründung, dem Angeklagten habe das Bewußtsein gefehlt, gegen ein im Interesse der Gesamtheit gegebenes Verbot zu verstoßen. Dieser Auffassung trat

das Reichsgericht entgegen. Der Vorsatz der Amtsunterschlagung besteht (wie bei der einfachen Unterschlagung) in dem bewußten Willen des Täters, sich widerrechtlich eine fremde Sache anzueignen. Die Rücksicht auf das Interesse der Gesamtheit hat allerdings den Gesetzgeber bestimmt, das Verbot zu erlassen; ein Irrtum hierüber ist aber lediglich strafrechtlicher Natur und kein Strafausschließungsgrund. Die gegenteilige Auffassung würde zu dem unannehmbaren Ergebnis führen, daß jede unbewußt falsche Auslegung des Strafgesetzes die Rechtswidrigkeit der Handlung beseitigen würde. Ebensowenig wurde durch die Erwartung des Angeklagten, daß die vorgesetzte Stelle sein Vorgehen genehmigen würde, das Bewußtsein der Rechtswidrigkeit der Handlung ausgeschlossen. Das hätte angenommen werden können, wenn der Angeklagte auf Grund bestimmter tatsächlicher Anhaltspunkte des Glaubens gewesen wäre, diese Genehmigung voraussetzen zu dürfen; ein nicht näher begründeter Glaube genügt jedoch um so weniger, als der zur Vertretung des Eigentümers amtlicher Gelder berechtigte Beamte in der Regel zur Genehmigung einer Verfügung über amtliche Gelder zu persönlichen Bedürfnissen nicht ermächtigt ist. Da amtliche Gelder keine vertretbaren Sachen sind, vermochte auch der Gesichtspunkt der Aufrechnung den Angeklagten nicht zu entlasten; falls er anderer Ansicht war, befand er sich in einem die Strafbarkeit der Tat nicht ausschließenden Irrtum über die Auslegung des Strafgesetzes. (II, 17. Februar 1927.) Amtl. Sammlg. S. 207—209. Vgl. Bd. 3 S. 10, 184; Bd. S. 306; Bd. 6 S. 125; Bd. 7 S. 351; Bd. 26 S. 439; Bd. 60 S. 311.

59. **Beschränkung der Berufung. Strafzumessung.** (StPO. § 327.) Gegen ein schöffengerichtliches Urteil, durch das der Angeklagte wegen fünf Vergehen der Beihilfe zum Betrug verurteilt worden war, legte dieser Berufung unter Einschränkung auf das Strafmaß ein. Das Landgericht verwarf die Berufung mit der Begründung, daß nach seiner auf Grund der neuen Beweisaufnahme getroffenen Überzeugung der Angeklagte sich nicht der Beihilfe, sondern der Mittäterschaft schuldig gemacht habe. Die Revision des Angeklagten hatte Erfolg. Soweit sie die Feststellung des Landgerichts mit der Behauptung angriff, daß eine fortgesetzte Handlung vor-

liege, war sie allerdings unzulässig; dagegen hatte das Landgericht die durch die Beschränkung der Berufung auf das Strafmaß gezogenen Grenzen dadurch überschritten, daß es abweichend vom Schöffengericht feststellte, der Angeklagte habe nicht als Gehilfe, sondern als Täter gehandelt und diese Feststellung zu seinem Nachteil verwertete. Dieses Verfahren lief im Ergebnis darauf hinaus, daß die Strafe gegen den Angeklagten auf Grund eines anderen strafbaren Tatbestandes festgesetzt wurde als jenes, wegen dessen er verurteilt war. (I, 22. Februar 1927.) Amtl. Sammlg. S. 209—210.

60. **Untreue. Sanierung.** (StGB. § 266.) Eine Kreissparkasse hatte einem Fabrikbesitzer für sein Unternehmen 500 000 Reichsmark geliehen. Als das Unternehmen in Schwierigkeit kam, wurden ihm weitere 300 000 Reichsmark als Darlehen gegeben. Das ganze Geld ging verloren. Der Vorsitzende des Vorstandes der Sparkasse und der Direktor wurden wegen Untreue verurteilt. Ihre Revisionen wurden verworfen. Zu der Zeit, da das letzte Darlehen gewährt wurde, war die Heimzahlung in hohem Maße unsicher. Das Landgericht konnte hiernach ohne Rechtsirrtum annehmen, daß das Vermögen der Sparkasse, als Ganzes betrachtet, gegenüber dem Stande vor der Hingabe des Geldes durch die Verfügung der Angeklagten eine erhebliche Verschlechterung erlitt und daß diese Vermögensbeschädigung schon im Zeitpunkt der Hingabe des Geldes eintrat. Das wurde auch dadurch nicht in Frage gestellt, daß das letzte Darlehen zum Zwecke der Sanierung, nämlich zur Rettung der 500 000 Reichsmark gegeben wurde. Die Aussicht, daß diese gelingen würde, war völlig ungewiß; sie konnte nicht als eine greifbare Besserung der Vermögenslage, als ein Vermögenswert in dem Sinne gebucht werden, daß durch sie die Verminderung, die das Vermögen der Kreissparkasse als ein Inbegriff von Geldwertgütern aller Art auf der anderen Seite durch die Gewährung der weiteren 300 000 Reichsmark erlitt, wieder aufgehoben wurde. Auch der innere Tatbestand der Untreue war einwandfrei nachgewiesen. Allerdings wird nicht bei jedem Sanierungsversuch, der mit fremdem Geld unternommen wird, der innere Tatbestand der Untreue vorliegen. Er wird ausgeschlossen, wenn

der Unternehmer nach den Umständen des Falles mit der naheliegenden Wahrscheinlichkeit rechnen darf und auch rechnet, daß der Versuch Erfolg hat und daß die für die Sanierung neu aufgewendeten Gelder nicht verloren sein werden. Im gegebenen Fall war aber das Gegenteil tatsächlich festgestellt; es handelte sich hiernach um ein reines Risikogeschäft, bei dem die Angeklagten, wie beim Glückspiel, alles auf eine Karte setzten. Sie handelten mit dem Bewußtsein, daß das Geld verloren sein konnte; sie wollten den Verlust für den Fall seines Eintretens in den Kauf nehmen, billigten also diesen Erfolg. Damit war eine absichtliche Verfügung über eine Forderung zum Nachteil der Sparkasse nachgewiesen. (I, 22. Februar 1927.)
Amtl. Sammlg. S. 211—214.

61. **Verkehr mit Metall. Buchungspflicht.** (Met.-VerkG. § 6.) Ein Metallwarenhändler trug einen Kauf von Metall am folgenden Morgen in seine Bücher ein. Seine Verurteilung wegen Verfehlung gegen die Buchungspflicht wurde bestätigt. Das Gesetz schreibt vor, daß sämtliche Erwerbungen, im einzelnen fortlaufend numeriert, sofort nach Abschluß des Geschäfts mit Tinte oder Tintenstift einzutragen sind; die Eintragung muß also sofort, unmittelbar im Anschluß an die Beendigung des Geschäfts, bewirkt werden. Das Gesetz erging zu einer Zeit, da sehr viele Diebstähle an Metall vorkamen; die vorgeschriebenen genauen Aufzeichnungen sollten eine Verfolgung der Diebstähle ermöglichen. Dieser Zweck kann nur erreicht werden, wenn die Aufzeichnungen ganz zuverlässig sind und das setzt wieder voraus, daß sie im unmittelbaren Anschluß an die gepflogenen Verhandlungen bewirkt werden. (II, 24. Februar 1927.) Amtl. Sammlg. S. 214—216.

62. **Polizeibeamter. Waffengebrauch. Notwehr.** (St.-GB. § 53). Zur Hilfe gegen einen Mann, von dem Gewalttätigkeiten zu befürchten waren, wurde die Polizei angerufen. Als zwei Beamte erschienen, gab er auf sie einen Schuß ab und flüchtete sich. Er verbarg sich in einem Gebüsch, feuerte von dort andauernd auf die Beamten und verletzte einen von ihnen; darauf setzte er seine Flucht fort. Der andere Beamte verfolgte ihn und

schoß nach ihm; er wandte sich um und verletzte auch diesen Beamten durch einen gegen ihn abgegebenen Schuß. Gegen die hierauf gestützte Anklage wandte er ein, daß er sich diesem Beamten gegenüber in Notwehr befunden habe. Das Reichsgericht lehnte diese Annahme ab. Der Beamte befand sich einem auf frischer Tat betroffenen, bewaffneten und zu weiterem Waffengebrauch entschlossenen Flüchtling gegenüber, den zu verfolgen und vorläufig festzunehmen seine Amtspflicht war, von dem er aber bei der Fortsetzung der Verfolgung nach dessen bisherigem Verhalten einen Angriff mit der Schußwaffe zu gewärtigen hatte. Um diesem rechtswidrigen und im Hinblick auf die dienstlich gebotene Fortsetzung der Verfolgung unmittelbar drohenden Angriff zu begegnen, durfte der Beamte schon auf Grund der Notwehrlage, in die der Angeklagte ihn versetzte, von der Schußwaffe gegen ihn Gebrauch machen, ohne abwarten zu müssen, ob der Angeklagte auch gegen ihn den Revolver richtete. Selbst der erste von diesem Beamten abgegebene Schuß versetzte also den Angeklagten nicht in Notwehr. (II, 28. Februar 1927.) Amtl. Sammlg. S. 216—217. Vgl. Bd. 54 S. 36.

63. **Abstimmung. Beratungsgeheimnis. Veränderte Sachlage. Vertagung.** (StPO. §§ 263, 265, 338; GVG. § 198.) Zwei Geschworene teilten dem Verteidiger nach der Verkündung des Urteils mit, daß es bei der Abstimmung nicht ordnungsmäßig zugegangen sei. Die hierauf gestützte Revision hatte keinen Erfolg. Schöffen und Geschworene sind verpflichtet, über den Hergang bei der Beratung und Abstimmung Stillschweigen zu beobachten; es ist darum grundsätzlich unzulässig, sie hierüber zu vernehmen. Eine auf Verletzung der Vorschriften über die Beratung und Abstimmung gestützte Rüge ist, ohne näheres Eingehen auf die zu ihrer Begründung angeführten Tatsachen, als unzulässig zurückzuweisen. Es war Vertagung der Verhandlung beantragt worden, weil dem Angeklagten am Schluß der Verhandlung eröffnet worden war, daß sein Verhalten möglicherweise nicht als Anstiftung zum Meineid, sondern als Verleitung zum Falscheid angesehen werden könne. Ob zur genügenden Vorbereitung der Verteidigung eine Vertagung angemessen erscheint, hat das Gericht nach

pflichtmäßigem Ermessen zu entscheiden. Daß im vorliegenden Fall hiezu ein Anlaß bestand, war nicht zu erkennen, zumal die Änderung der Sachlage nur in dem Wegfall eines den Angeklagten belastenden Umstandes (der Wissentlichkeit auf Seite des Schwörenden) bestand. (II, 28. Februar 1927.) Amtl. Sammlg. S. 217—222. Vgl. Bd. 15 S. 150; Bd. 26 S. 202; Bd. 53 S. 51, 189.

64. **Edelmetallverkehr. Änderung der Gesetzgebung. Mildestes Strafgesetz. Zeitgesetz. Buchungspflicht.** (EdelMetG. § 6; StGB. § 2.) Ein Metallhändler kaufte im Sommer 1925 wiederholt Edelmetall, ohne die Käufe in sein Geschäftsbuch einzutragen. Er wurde wegen Verfehlung gegen die Buchungspflicht verurteilt. In seiner Revision berief er sich darauf, daß durch die neue Fassung des Edelmetallgesetzes vom 1. Juli 1926 die Buchungspflicht aufgehoben worden sei. Das stand der Verurteilung nicht entgegen. Das Edelmetallgesetz war ein wegen außerordentlicher Verhältnisse erlassenes Zeitgesetz; für solche Gesetze gilt in der Regel die Bestimmung nicht, daß nach seiner Aufhebung früher begangene Verfehlungen nicht mehr strafbar sind. Ausgeschlossen ist zwar nicht, daß auch in einem Zeitgesetz während seines Bestehens strafgesetzliche Bestimmungen geändert oder aufgehoben werden, weil der Gesetzgeber seine frühere Ansicht über die Strafwürdigkeit geändert hat; eine solche Ausnahme lag aber hier nicht vor. Die Buchungspflicht kam nur deshalb in Wegfall, weil die üblen Zustände, die zu dem Gesetz und zu dieser lästigen Maßnahme geführt hatten, nicht mehr im früheren Umfang bestanden. (II, 3. März 1927.)

Amtl. Sammlg. S. 222—224.

Vgl. Bd. 21 S. 294; Bd. 46 S. 337; Bd. 50 S. 398; Bd. 56 S. 147; Bd. 57 S. 209; Bd. 61 S. 183, 214.

65. **Meineid. Fahrlässiger Falscheid. Tateinheit. Tatmehrheit. Teilurteil. Rechtskraft.** (StGB. §§ 73, 74, 153, 154, 163; StPO. §§ 264, 270.) In einer gegen zwei Personen gerichteten Voruntersuchung wurde ein Zeuge eidlich vernommen. Wegen des Verdachts, daß er sich durch seine Aussage des fahrlässigen Falscheids schuldig gemacht habe, wurde gegen ihn ein Verfahren eingeleitet. Das Schöffengericht sprach ihn frei. Das

Landgericht verwies wegen des einen Falles die Sache vor das Schwurgericht, bezüglich des anderen verwarf es die Berufung des Staatsanwalts. Das Urteil wurde nicht angefochten. Das Schwurgericht verurteilte wegen Meineids. Die Revision des Angeklagten hatte Erfolg. Die Verletzung eines Eides durch ein falsches Zeugnis ist eine einheitliche Tat. Ist das Zeugnis in verschiedenen Punkten falsch, so kann sich daraus nicht eine Mehrheit strafbarer Handlungen ergeben. Gegenstand der Urteilsfindung ist die in der Anklage bezeichnete Tat, wie sie sich nach dem Ergebnis der Verhandlung darstellt. Daraus ergibt sich einerseits das Recht, anderseits die Pflicht des erkennenden Richters, die ihm zur Entscheidung unterbreitete Tat unter Heranziehung aller in Betracht kommenden Tatsachen und rechtlichen Gesichtspunkte abzuurteilen. Zeigt sich, daß die Tat seine Zuständigkeit überschreitet, so hat er sie an das zuständige Gericht zu verweisen. Rechtlich unmöglich ist es aber, daß über eine einheitliche Tat nach einzelnen tatsächlichen Richtungen oder unter einzelnen rechtlichen Gesichtspunkten durch Urteil entschieden und gleichzeitig die Erledigung einem späteren Urteil vorbehalten wird. Ein solcher Vorbehalt ist wirkungslos, gleichviel, ob er ausdrücklich oder stillschweigend erfolgt und ob sich der erkennende Richter der Einheitlichkeit der Straftat bewußt ist oder nicht. Ein solches Urteil wird, wenn es unangefochten bleibt, mit der Wirkung rechtskräftig, daß jeder weiteren Verfolgung und Aburteilung der Einwand der rechtskräftig entschiedenen Sache entgegensteht. Das Landgericht hätte sich auf die Verweisung der Sache beschränken müssen; nachdem es ein freisprechendes Urteil erließ und dieses die Rechtskraft erlangte, konnte im übrigen nur die Einstellung des Verfahrens verfügt werden. (III, 24. Februar 1927.)

Amtl. Sammlg. S. 225—226.

Vgl. Bd. 3 S. 4; Bd. 15 S. 133; Bd. 21 S. 78; Bd. 43 S. 60; Bd. 44 S. 116; Bd. 48 S. 89.

66. **Versicherungsbetrug. Verklarungseid.** (StGB. §§ 43, 153, 265; HGB. § 525.) Ein Schiffbesitzer wollte sein über den Wert versichertes Schiff zum Sinken bringen, um sich die Versicherungssumme zu verschaffen. Er fuhr am Abend allein mit dem Schiff weg und

verließ es nachts während der Fahrt, nachdem er ihm eine Segelstellung gegeben hatte, durch die es in die offene See treiben sollte. Da der Wind umschlug, wurde das Schiff auf den Strand getrieben. Bei einer vom Amtsgerichte vorgenommenen Verklarung machte er auf Eid unwahre Angaben. Er wurde wegen Versicherungsbetrugs und Meineids verurteilt. Seine Revision hatte nur zum ersten Punkt Erfolg. Nach der Absicht des Angeklagten sollte das Schiff sinken; dazu kam es aber nicht, vielmehr strandete das Schiff. Er führte also wohl einen Versicherungsfall herbei, aber nicht den, auf den sein Vorsatz gerichtet war, sondern einen anderen, allerdings gleichwertigen Fall. Zur Annahme eines vollendeten Verbrechens bedurfte es der Feststellung, daß der Angeklagte auch mit dem wirklich eingetretenen Verlauf der Dinge gerechnet und daß er ihn für den Fall seines Eintritts gewollt hatte. Nach den Feststellungen hatte aber der Angeklagte das, was er wollte, nicht erreicht und das, was er erreicht hatte, nicht gewollt. Demnach konnte er nur wegen eines versuchten Verbrechens des Versicherungsbetrugs verurteilt werden. Bei der Abnahme des Eides war ein Gerichtsschreiber nicht zugezogen worden. Das stand der Verurteilung nicht im Wege; daß das Amtsgericht, das den Eid abnahm, eine zur Abnahme von Eiden zuständige Behörde war und daß der Eid als ein auferlegter Eid anzusehen war, stand außer Streit. (III, 3. März 1927.)

Amtl. Sammlg. S. 226—228.

Vgl. Bd. 19 S. 218; Bd. 38 S. 102.

67. **Gerichtsvollzieher. Amtsunterschlagung. Untreue. Bevollmächtigter. Zueignung. Vereitelung der Vollstreckung. Bestechung.** (StGB. §§ 266, 332, 348, 350; BGB § 164.) Ein Gerichtsvollzieher beurkundete in einer Reihe von Fällen, daß er Pfändungen ordnungsmäßig vorgenommen habe, während er sie in Wirklichkeit in der Erwartung, daß ihm der Schuldner für die Amtspflichtverletzung eine Entlohnung zukommen lassen werde, unterlassen hatte. Das Landgericht verurteilte ihn wegen einfacher Falschbeurkundung; das Reichsgericht wies darauf hin, daß die Tat auch unter dem Gesichtspunkt der erschwerten Falschbeurkundung, der Bestechung und der Untreue hätte beurteilt werden

sollen. Ob der mit einer Zwangsvollstreckung beauftragte Gerichtsvollzieher lediglich vermöge der in ihm verkörperten Staatsgewalt oder auch kraft einer vom Gläubiger abgeleiteten Vertretungsbefugnis tätig wird, blieb dahingestellt. Der zum Tatbestand der Untreue gehörende Begriff des Bevollmächtigten wurzelt nicht im bürgerlichen Recht und setzt eine Vertretungsmacht in dessen Sinn überhaupt nicht voraus; er ist strafrechtlicher Art und aus dem Strafgesetzbuch entnommen. Bei ihm handelt es sich um eine in dem tatsächlich bestehenden Vertrauensverhältnis beruhende und deshalb von der bürgerlich-rechtlichen Gültigkeit der Vollmacht oder des sonst zugrundeliegenden Rechtsverhältnisses unabhängige Pflicht. Das Treueverhältnis, das jene Vorschrift unter ihren Schutz stellen will, liegt schon vor, wenn jemand auch nur rein tatsächlich durch das Vertrauen eines anderen bestellt wird, Handlungen im Rechtssinn für ihn vorzunehmen, und wo er eben dadurch in die Lage versetzt wird, rechtlich oder tatsächlich über Vermögensstücke des anderen zu verfügen. Ob das zugrundeliegende Rechtsverhältnis bürgerlich-rechtlicher oder öffentlich-rechtlicher Art ist, ob es überhaupt rechtlich Bestand hat, ist belanglos, ebenso, ob die Verfügungen des Täters von ihm im Namen des Auftraggebers oder im eigenen Namen getroffen worden sind oder ob sie durch die Vertretungsmacht überhaupt gedeckt werden; es genügt jede Verfügung, die im inneren Zusammenhang mit der tatsächlich anvertrauten Machtstellung erfolgt und erst durch sie ermöglicht wird. Diese Merkmale treffen auf das Verhältnis des Gerichtsvollziehers zum Vollstreckungsgläubiger auch dann zu, wenn die aus der Zwangsgewalt der Staatshoheit fließenden Vollstreckungshandlungen nicht zugleich als Ausfluß einer bürgerlichrechtlichen Vertretungsmacht gedacht werden können. Dadurch wird an der Tatsache nichts geändert, daß der Gläubiger durch den Vollstreckungsauftrag die Wahrung seiner Rechte in die Hand des Gerichtsvollziehers legt und daß dieser durch diese Anvertrauung rechtlich und tatsächlich in die Lage versetzt wird, im Rechtssinne wirksam für und gegen den Gläubiger zu handeln und über Vermögensstücke des Gläubigers zu verfügen. Wenn der Angeklagte durch sein Vorgehen die

Vollstreckungsansprüche, die zu verwirklichen er bestellt war, bewußt vereitelte, verfügte er damit absichtlich zum Nachteil seines Auftraggebers über Vermögensstücke desselben. — In zahlreichen Fällen hatte der Angeklagte Geldbeträge, die er für seine Auftraggeber angenommen hatte, nicht an diese abgeliefert. Das Landgericht hatte festgestellt, daß er diese Beträge zugleich mit seinem eigenen Geld in einer gemeinsamen Kasse verwahrte, aus der er die Kosten seiner Lebenshaltung bestritt. Weder in dieser Vermischung noch in der Entnahme von Geldern aus dieser Kasse zum eigenen Bedarf hatte das Landgericht den Tatbestand der Unterschlagung gefunden, wohl aber darin, daß der Angeklagte wiederholt Geldbeträge aus dieser Kasse verwendete, um Gläubiger zu befriedigen, deren Schuldner bisher keine Zahlung geleistet hatten; das war nach dem Urteil deshalb geschehen, weil der Angeklagte, dessen Geschäfts- und Kassenführung in völlige Verwirrung geraten war, auf diese Weise die jeweils am meisten drängenden Gläubiger zunächst abfertigen wollte. Das Reichsgericht fand das Merkmal der Zueignung nicht genügend nachgewiesen. Allerdings kommt es sowohl beim Diebstahl wie bei der Unterschlagung nicht notwendig auf eine Bereicherung des Täters an; ebensowenig genügt aber das eigenmächtige Verfügen über eine fremde Sache für den Zueignungsbegriff. Wer die in seinem Besitz befindliche oder die dem Besitzer entrissene Sache ins Feuer wirft, begeht darum noch nicht Diebstahl oder Unterschlagung, obwohl er über den Gegenstand in einer regelmäßig nur dem Eigentümer zukommenden Weise verfügt und ihn damit dem Eigentümer dauernd entzieht. Das Wesen der Zueignung besteht darin, daß die Sache selbst oder doch der in ihr verkörperte Sachwert vom Täter dem eigenen Vermögen einverleibt wird. Das kann auch durch Zuwendung der Sache an einen Dritten geschehen. Wer aber, ohne das eigene Vermögen zu ändern, eigenmächtig über Sachen verfügt, eignet sie nicht sich zu, nützt ihren Wirtschaftswert nicht für sich aus. Nach den getroffenen Feststellungen war nicht ausgeschlossen, daß der Angeklagte die Zahlungen nur als Zuteilung aus der ihm unterstehenden Masse fremder Gelder leistete und annahm, die anderen Gläubiger würden entsprechend dem Eingang weiterer Gel-

der später an die Reihe kommen. Solche pflichtwidrige Eigenmächtigkeit deckt sich noch nicht mit dem Begriff der Zueignung. Das Vorgehen des Angeklagten konnte aber auch in dieser Richtung den Tatbestand der Untreue erfüllen, soferne er sich bewußt war, daß er Gelder, die im Allein- oder Miteigentum eines oder mehrerer seiner Auftraggeber standen oder auf deren Auszahlung diese eine sichere Anwartschaft besaßen, an andere Gläubiger abführte, die kein Recht darauf hatten, und soferne er sich bewußt war, dadurch jene berechtigten Auftraggeber zu benachteiligen. Hiezu würde schon genügen, wenn er erkannte, daß er mit der Hingabe der Gelder den daran Berechtigten ihr Eigentum oder Miteigentum oder sonstiges Recht ganz oder teilweise entzog, gleichviel, ob er auf baldigen Ersatz durch Eingang neuer Zahlungen rechnen durfte. Nur dann, wenn die Befriedigung von Gläubigern außer der Reihe den Zweck hatte, den Angeklagten vor der Entdeckung der Fehlbeträge in seiner Kasse und demgemäß vor der Haftbarmachung zu schützen, war eine Beziehung zwischen seiner Verfügung und seinem Vermögen, also eine Zueignung gegeben. (III, 7. März 1927.) Amtl. Sammlg. S. 228—234.
Vgl. Bd. 11 S. 412; Bd. 14 S. 401; Bd. 15 S. 41; Bd. 32 S. 26; Bd. 41 S. 265; Bd. 47 S. 324; Bd. 56 S. 101; Bd. 57 S. 166; Bd. 61 S. 1; RGZ. Bd. 82 S. 85; Bd. 90 S. 193; Bd. 104 S. 283.

68. **Besetztes Gebiet. Raumwucher. Leistung für täglichen Bedarf. Irrtum.** (PreistrVO. § 4; StGB. § 302e; IrrtVO.) Die Vermietung eines Ladens in Köln wurde wegen des dafür verlangten hohen Preises beanstandet; ebenso die Forderung einer Abstandssumme. Das Landgericht nahm an, daß die Preistreibereiverordnung von 1923 auf die Handlung deshalb nicht angewendet werden könne, weil die Verordnung zur Zeit des Vertragschlusses wie auch zur Zeit der Leistungen, für welche die Zahlungen erfolgten, im besetzten Köln infolge des Einspruchsrechts der Besatzungsbehörde nicht anwendbar gewesen sei. Diese Annahme erklärte das Reichsgericht für irrig. Die für das Reichsgebiet ergangenen Gesetze und Verordnungen treten wie sonst im Reich auch im besetzten Gebiet in Kraft; das den Besatzungsbehörden zustehende Einspruchsrecht kann nur dazu führen, daß die

Vorschriften zeitweise nicht ausgeführt werden können. Die Überlassung des Ladens war als eine Leistung zur Befriedigung des täglichen Bedarfs anzusehen; das gleiche galt, wenn der bisherige Ladeninhaber gegen eine Abstandssumme auf die Fortsetzung des Mietverhältnisses verzichtete. In beiden Fällen werden die Mieträume dem neuen Mieter für seinen Geschäftsbetrieb zur Verfügung gestellt. In Frage kam, ob die Angeklagten durch die Irrtumsverordnung vor Strafe geschützt wurden. Wenn sie glaubten, die Preistreibereiverordnung habe in Köln mangels der Genehmigung der Besatzungsmacht nicht gegolten, konnte das allerdings einen nach der Irrtumsverordnung zu beachtenden Irrtum über die Anwendbarkeit dieser Strafvorschrift bilden; hierüber hatte sich das Urteil nicht ausgesprochen. (I, 8. März 1927.)

Amtl. Sammlg. S. 234—236.

Vgl. Bd. 56 S. 194; Bd. 58 S. 321.

69. Warenzeichen. Gegenstand der Urteilsfindung. (StPO. § 264.) Für einen Fabrikbesitzer waren drei Warenzeichen für Verpackungen und Umhüllungen eingetragen. Gegen andere Fabrikbesitzer wurde Anklage wegen Verletzung eines dieser Warenzeichen erhoben. Das Schöffengericht machte auch die Verletzung der anderen Warenzeichen zum Gegenstand der Urteilsfindung. Das Landgericht beschränkte die Prüfung des Sachverhalts auf das in der Anklageschrift und im Eröffnungsbeschluß genannte Warenzeichen. Das Reichsgericht verwies die Sache zurück. Gegenstand der Urteilsfindung ist die in der Anklageschrift bezeichnete Tat, wie sie sich nach dem Ergebnis der Hauptverhandlung darstellt. Unter der Tat ist nicht das einzelne, im Eröffnungsbeschluß hervorgehobene geschichtliche Vorkommnis, sondern die gesamte Tätigkeit des Angeklagten zu verstehen, soweit sie mit diesem Vorkommnis einen einheitlichen Vorgang darstellt; hiefür genügt ein nach natürlicher Auffassung bestehender innerer Zusammenhang. Das gilt auch dann, wenn ein einheitlicher Vorgang zunächst nur stückweise vor das erkennende Gericht gebracht worden ist, in der Hauptverhandlung aber weitere Bestandteile dieses Vorkommnisses zutage treten. Eine solche Umgestaltung des ursprünglichen Gegenstandes der Anklage ist nicht geeignet, die Identität der Tat in Frage zu stellen. Sowohl nach der Anklageschrift als nach dem Eröffnungsbeschluß stand außer Zweifel, daß die Herstellung und Verwendung der dort genannten Verpackungen und Umhüllungen Gegenstand des Verfahrens war. Innerhalb dieser Grenzen war zu prüfen, ob ein Eingriff in ein geschütztes Recht vorlag, gleichviel, ob er gerade das besonders angeführte Warenzeichen oder ein anderes für dieselbe Ware betraf. Durch die Erlassung des schöffengerichtlichen Urteils waren auch die anderen Warenzeichen zum Gegenstand der Verhandlung vor dem Berufungsgericht gemacht worden; das durfte das Landgericht nicht unberücksichtigt lassen. (III, 17. März 1927.)

Amtl. Sammlg. S. 236—238.

Vgl. Bd. 24 S. 370; Bd. 51 S. 127; Bd. 56 S. 324.

70. **Irrtum im Steuerstrafrecht.** (RAbgO. § 358; StGB. § 59.) Durch den § 358 RAbgO. sollte der in der sogenannten Irrtumsverordnung vom 18. Januar 1927 erstmalig zu gesetzlicher Anerkennung gelangte Gedanke der strafbefreienden Wirkung des Strafrechtsirrtums auf das Gebiet des Reichssteuerstrafrechts übertragen werden. Der Wille des Gesetzgebers ging dahin, dem Irrtum noch über die Grenze des § 59 StGB. hinaus durch Anerkennung des Strafrechtsirrtums als eines persönlichen Strafausschließungsgrundes im Steuerstrafrecht Geltung zu verschaffen. Das Anwendungsgebiet des § 59 StGB. sollte keinesfalls eingeengt werden. (I, 10. Mai 1927.)

Amtl. Sammlg. S. 238—239.

71. **Freiheitsberaubung im Amt. Polizeiliche Festnahme.** (StGB. §§ 239, 341; StPO. § 127.) Ein Schutzmann stellte ein Mädchen zur Rede. Dessen Begleiter verbat sich das und verlangte die Feststellung der Person des Schutzmanns auf der Polizeiwache. Der Schutzmann erklärte ihm darauf: Sie gehen mit zur Wache! Er verlangte noch, daß auch das Mädchen mitginge und redete unterwegs auf dieses ein. Auf der Wache stieß er den Begleiter in das Wachzimmer hinein und hielt ihn dort zurück, während das Mädchen sofort entlassen wurde. Das Landgericht hatte eine Freiheitsberaubung im Amte nicht für gegeben erachtet, weil der Begleiter des Mädchens seinerseits gewillt gewesen sei, im eigenen Interesse

zur Wache zu gehen. Diese Rechtsauffassung erklärte das Reichsgericht für unrichtig. Der Begriff der amtlichen Freiheitsberaubung ist kein anderer als jener der Freiheitsberaubung überhaupt. Entscheidend ist für ihn, daß dem anderen, sei es auch nur vorübergehend, unmöglich gemacht wird, seinen Aufenthalt nach eigenem Belieben zu bestimmen oder zu verändern. Daß die Erklärung des Angeklagten: „Sie gehen mit zur Wache!" als Festnahme im Sinne der Strafprozeßordnung gedacht war und durchgeführt wurde, lag nach dem festgestellten Sachverhalt klar; ob der Mann von sich aus zur Wache gehen wollte, war gleichgültig. Für den Tatbestand der Freiheitsberaubung kommt es ausschlaggebend auf den objektiven Zustand tatsächlicher Unmöglichkeit zu freier Willensbetätigung an, gleichviel, ob der Betroffene sich dieses Zustandes bewußt wird oder nicht; auch auf dem Wege der Betäubung, der Hypnose, der Vorspiegelung ist eine Freiheitsberaubung möglich. Die Belanglosigkeit des Willens des Betroffenen für die Tatsache der Freiheitsberaubung zeigt sich gerade bei der polizeilichen Festnahme, bei der jede Betätigung einer Willensänderung des Festgenommenen an der Schranke des Zwanges scheitern würde. Eine andere Frage ist allerdings, ob die Einwilligung des tatsächlich seiner Freiheit Beraubten den inneren Tatbestand des Vergehens berühren würde; das bedurfte aber keiner Erörterung, da von einer Einwilligung des Festgenommenen keine Rede sein konnte. Sein Wille, auch seinerseits zur Wache zu gehen, um dort amtliche Handlungen zu veranlassen, war begrifflich etwas ganz anderes als eine Zustimmung zu seiner Festnahme. (III, 17. März 1927.)
Amtl. Sammlg. S. 239—242.

Vgl. Bd. 2 S. 292; Bd. 7 S. 259; Bd. 27 S. 287.

72. **Ärztliche Schwangerschaftsunterbrechung. Abtreibung. Notstand.** (StGB. §§ 54, 218.) Ein Mädchen, das wegen Nervenstörungen in der Behandlung eines Nervenarztes stand, wurde von diesem darauf aufmerksam gemacht, daß es möglicherweise schwanger sei. Eine Untersuchung bei einem Frauenarzt bestätigte die Vermutung. Das Mädchen erlitt sowohl beim ersten Hinweis wie bei der Feststellung heftige Affektausbrüche mit nachfolgendem dumpfen Brüten und äußerte Selbstmordgedanken. Der Nervenarzt nahm an, daß infolge

einer durch Schwangerschaft hervorgerufenen reaktiven Depression eine gegenwärtige ernstliche Gefahr der Selbstentleibung bestehe und veranlaßte den Frauenarzt, zur Beseitigung dieser Gefahr die Schwangerschaft zu unterbrechen. Dieser führte die Operation aus. Gegen das Mädchen und die beiden Ärzte wurde Anklage wegen Abtreibung und Anstiftung hiezu erhoben. Das Landgericht setzte sie außer Verfolgung. Es nahm an, daß eine ernstliche Selbstmordgefahr bestand, daß die beiden Ärzte die in der ärztlichen Wissenschaft anerkannten Voraussetzungen für die Unterbrechung der Schwangerschaft für vorhanden erachten konnten und deshalb nicht rechtswidrig handelten, daß endlich das Mädchen auf Grund der Mitteilungen der Ärzte über die Notwendigkeit des Eingriffs der Überzeugung gewesen sei, sich in einem Notstand zu befinden. Das Oberlandesgericht eröffnete das Verfahren gegen den Nervenarzt und gegen das Mädchen; der Frauenarzt wurde als gutgläubiges Werkzeug des Nervenarztes, dieser also als mittelbarer Täter betrachtet. Das Schöffengericht erkannte auf Freisprechung. Es legte seiner Entscheidung den Satz zugrunde, daß Eingriffe in rechtlich geschützte Interessen, die sich als ein angemessenes Mittel zur Erreichung eines staatlich anerkannten Zweckes darstellen, nicht rechtswidrig sind, daß ferner, da der Staat die Erhaltung der Gesundheit als berechtigten Zweck anerkenne und fordere, die Erhaltung des Lebens der Mutter durch eine Unterbrechung der Schwangerschaft nicht rechtswidrig sein könne, daß endlich ein Arzt, der eine Schwangerschaftsunterbrechung zu dem bezeichneten Zweck nach pflichtgemäßer Prüfung für notwendig gehalten und in dieser Überzeugung vorgenommen habe, auch dann nicht wegen Abtreibung bestraft werden könne, wenn sich nachträglich die Unrichtigkeit seiner Annahme herausstelle. Die vom Staatsanwalt gegen das Urteil eingelegte Revision hatte Erfolg. Die Unterbrechung einer Schwangerschaft enthält nicht nur einen Eingriff in den Körper der Mutter, sondern auch einen Eingriff in die Leibesfrucht, die nach heutiger Auffassung und insbesondere auch nach dem Standpunkt des geltenden Rechts als werdendes selbständiges Rechtsgut geschützt ist. Der äußere Tatbestand der Abtreibung war also erfüllt. Zum Begriff des Verbrechens gehört aber auch die Rechtswidrigkeit und zwar auch dann, wenn dieses Merkmal in der gesetzlichen Verbrechensnorm nicht ausdrücklich erwähnt ist. Unter welchen Voraussetzungen Handlungen, die den äußeren Tatbestand einer Straftat erfüllen, als nicht rechtswidrig zu behandeln sind, ist nicht nur aus dem Strafrecht, sondern aus dem Ganzen der Rechtsordnung, und zwar aus dem gesetzten wie aus dem ungesetzten Recht zu entnehmen. Die maßgebenden Rechtssätze können insbesondere im Wege der Auslegung unter Berücksichtigung des Zweckes und des gegenseitigen Verhältnisses der geschriebenen Normen ermittelt werden. Bis zum Inkrafttreten des Strafgesetzbuches wurde die ärztlich angezeigte Schwangerschaftsunterbrechung von den meisten deutschen Schriftstellern unter dem Gesichtspunkt des Notstands für straflos erklärt; in der Folgezeit glaubte man diesen Gesichtspunkt zugunsten dritter Personen, insbesondere der Ärzte, die nicht Angehörige der Schwangeren waren, nicht mehr verwerten zu können. Man suchte nach anderen Rechtfertigungsgründen, ohne daß sich bis jetzt eine einheitliche Meinung gebildet hätte. Hinsichtlich des Notstands des Strafgesetzbuchs (§ 54) ist bestritten, ob er als persönlicher Strafausschließungsgrund oder als Rechtfertigungsgrund zu erachten ist. Das Reichsgericht entschied, daß er als Entschuldigungsgrund zu gelten habe. In der Begründung des Entwurfs zu einem Strafgesetzbuch für den Norddeutschen Bund heißt es allerdings: Der Notstand ist die Kollision zwischen zwei Rechten, bei welcher das geringere dem größeren weichen muß. Wenn dieser Gedanke im Gesetz Ausdruck gefunden hätte, wäre der Notstand als Rechtfertigungsgrund anzusehen; er ist aber nicht festgehalten worden. Der im Leibesnotstand Befindliche ist nach dem Gesetz auch dann nicht strafbar, wenn er das höherwertige Rechtsgut des Lebens eines Kindes vernichtet. Diese Regelung ist nur verständlich von dem Gesichtspunkt aus, daß bei einer solchen Notstandshandlung die Willensfreiheit des Handelnden durch die Macht des Selbsterhaltungstriebs zwar nicht ausgeschlossen, aber doch stark beeinflußt ist und daß dieser in der Person des Täters wirksame Grund die Handlung als entschuldbar erscheinen läßt. Daraus erklärt sich auch, daß die Nothilfe auf Angehörige beschränkt ist. Hätte der Gesetzgeber die Notstandshandlung für nicht rechtswidrig erachtet, so hätte für eine solche Beschränkung kein Anlaß bestanden; demgemäß ist der nicht zu den Angehörigen zählende Dritte, welcher mit einer im Notstand befindlichen Schwangeren zum Zwecke der Unterbrechung der Schwangerschaft zusammenwirkt, durch die Vorschrift des Strafgesetzbuchs über Notstand nicht vor Strafe geschützt. Dadurch ist aber nicht ausgeschlossen, daß auf Grund eines daneben bestehenden geschriebenen oder ungeschriebenen Rechtssatzes bei gewissen Notstandshandlungen (auch bei solchen, die unter § 54 StGB. fallen) die Widerrechtlichkeit ausgeschlossen ist. Geschriebene Rechtssätze, die in Betracht kommen könnten, sind nicht vorhanden. Von den in der Wissenschaft unternommenen Versuchen, die ärztlich angezeigte Schwangerschaftsunterbrechung zu rechtfertigen, ist die Annahme eines ärztlichen Berufsrechts im Schrifttum aufgegeben worden; auch das Reichsgericht hat das Vorhandensein eines solchen Berufsrechts verneint. Der Gesichtspunkt der Einwilligung, der an sich zur Rechtfertigung ärztlicher Eingriffe verwertbar ist, reicht für sich allein zur Rechtfertigung der von einem Arzt ausgeführten Schwangerschaftsunterbrechung nicht aus, weil diese nicht nur einen Eingriff in den Körper der Schwangeren, sondern auch einen Eingriff in das Leben der Leibesfrucht enthält, über das die Schwangere nicht in gleicher Weise verfügen kann wie über ihre eigene körperliche Unversehrtheit. Abzulehnen ist insbesondere der Gedankengang, daß die im Notstand befindliche Schwangere, da sie ihrerseits die Leibesfrucht straflos töten dürfe, auch einem anderen die Befugnis erteilen könne, diese Handlung bei ihr vorzunehmen; da die Handlung der Schwangeren selbst (wenn nicht ein anderer Rechtfertigungsgrund eingreift) rechtswidrig bleibt, kann die Einwilligung die Hilfeleistung des nicht im Notstand befindlichen Dritten nicht der Rechtswidrigkeit entkleiden. Der vom Schöffengericht der Entscheidung zugrunde gelegte Satz, daß Eingriffe in rechtlich geschützte Interessen, die sich als ein angemessenes Mittel zur Erreichung eines staatlich anerkannten Zweckes darstellen, nicht rechtswidrig seien, hat in der Wissenschaft vielfach Zustimmung gefunden und liegt verschiedenen Bestimmungen des geltenden Rechts zugrunde. Von einer allgemeinen Anerkennung ist dieser Grundsatz aber noch weit entfernt und bei der Weite der Fassung läßt sich nicht übersehen, ob nicht seine Anwendung in der Praxis zu bedenklichen Folgen führen würde. Nahezu allgemeine Anerkennung hat dagegen der aus diesem Rechtssatz abgeleitete, aber wesentlich enger gefaßte Grundsatz gefunden: In Lebenslagen, in welchen eine den äußeren Tatbestand einer Verbrechensform erfüllende Handlung das einzige Mittel ist, um ein Rechtsgut zu schützen oder eine vom Recht auferlegte oder anerkannte Pflicht zu erfüllen, ist die Frage, ob die Handlung rechtmäßig oder unverboten oder rechtswidrig ist, an der Hand des dem geltenden Recht zu entnehmenden Rechtsverhältnisses der im Widerstreit stehenden Rechtsgüter oder Pflichten zu entscheiden (Grundsatz der Güter- und Pflichtenabwägung). Für den Fall des Widerstreits von Pflichten (des Pflichtennotstands) hat das Reichsgericht schon wiederholt entschieden, daß die höhere Pflicht auf Kosten der minder hohen zu erfüllen und daß die Nichterfüllung der Letzteren nicht rechtswidrig ist. Aber auch für den Fall des Widerstreits von Rechtsgütern (des Gutnotstands) hat das Reichsgericht schon anerkannt, daß dann, wenn ein Ausgleich nicht anders möglich ist, als durch Vernichtung oder Schädigung des einen der beiden Rechtsgüter, das geringwertige Gut dem höherwertigen weichen muß, der Eingriff in das geringerwertige also nicht rechtswidrig ist. Der Grundsatz der Güterabwägung führt auch zu einer befriedigenden Lösung der Frage, ob und unter welchen Voraussetzungen die ärztlich angezeigte Schwangerschaftsunterbrechung rechtlich zulässig ist. Allgemeine Voraussetzung für die Anwendung ist das Vorhandensein eines wirklichen Gutnotstands: Es muß eine gegenwärtige, auf andere Weise nicht zu beseitigende Gefahr für Leib oder Leben der Schwangeren vorhanden sein. Das Vorliegen dieser Voraussetzung bedarf einer besonders strengen Prüfung an der Hand der Regeln der ärztlichen Wissenschaft, zu der ein Nichtarzt zumeist nicht in der Lage sein wird. Unter gegenwärtiger Gefahr ist ein Zustand zu verstehen, der erfahrungsgemäß bei natürlicher Weiterentwicklung den Eintritt der Schädigung als sicher bevorstehend erscheinen läßt, wenn nicht dagegen eingeschritten wird. Bei der Güterabwägung ist von den Wertungen auszugehen, die in den zum Schutz der Rechtsgüter erlassenen Strafdrohungen des geltenden Rechts ihren allgemeinen Ausdruck gefunden haben. Hieraus ergibt sich, daß regelmäßig sowohl der Verlust des Lebens als auch eine schwere Gesundheitsschädigung des fertigen Menschen höher zu bewerten ist als der Verlust des Lebens der Leibesfrucht; im einzelnen Fall kann freilich eine hievon abweichende Entscheidung geboten sein. Die Unverschuldetheit des Notstands bildet keine Voraussetzung für den auf der Güterabwägung beruhenden Ausschluß der Rechtswidrigkeit, wie ja das Recht auch beim Rechtfertigungsgrund der Notwehr und in den Vorschriften, in denen es den Notstand unter Heranziehung der Güterabwägung als Rechtfertigungsgrund ausdrücklich anerkannt hat (BGB. §§ 228, 904), von der Unverschuldetheit der Notwehr- oder Notstandslage absieht. Soweit die Notstandshandlung nicht bloß als entschuldigt, sondern in Anwendung des Grundsatzes der Güterabwägung als nicht rechtswidrig zu erachten ist, gilt der Ausschluß der Rechtswidrigkeit nicht nur für die Vornahme durch die Schwangere selbst, sondern auch für die Vornahme durch einen zur Beurteilung der Voraussetzungen fähigen Dritten. Eine notwendige Bedingung hiefür ist aber die wirkliche oder mutmaßliche Einwilligung der Schwangeren. Das ergibt sich schon daraus, daß die Schwangerschaftsunterbrechung auch einen Eingriff in den Körper der Schwangeren enthält; überdies muß der Schwangeren auch in ihrer Eigenschaft als werdende Mutter das Recht vorbehalten bleiben, aus Gewissensbedenken die Tötung der Leibesfrucht zu verbieten. Die ärztlich angezeigte Schwangerschaftsunterbrechung ist hienach bei Vornahme durch die Schwangere selbst und im Falle der wirklichen oder mutmaßlichen Einwilligung der Schwangeren auch bei Vornahme durch einen zur Beurteilung der Sachlage fähigen Dritten nicht rechtswidrig, wenn sie das einzige Mittel ist, um die Schwangere aus einer gegenwärtigen Gefahr des Todes oder einer schweren Gesundheitsschädigung (StGB. § 224) zu befreien. Die Schwangere und der Arzt, die nach

diesem Grundsatz verfahren, verstoßen nicht gegen die Rechtsordnung und sind deshalb nicht strafbar. Die Frage der sittlichen Zulässigkeit wird hierdurch nicht berührt. Demgemäß war im vorliegenden Fall die Schwangerschaftsunterbrechung dann für nicht rechtswidrig und deshalb für straflos zu erachten, wenn nach den Regeln der ärztlichen Wissenschaft eine gegenwärtige Gefahr des Selbstmords und damit auch des Todes der Leibesfrucht anzunehmen war, die auf andere Weise als durch Unterbrechung der Schwangerschaft nicht beseitigt werden konnte. Zur Erfüllung des inneren Tatbestands der Abtreibung genügt zunächst der Wille zum Handeln trotz der Vorstellung der Tatumstände, die zum gesetzlichen Tatbestand gehören. Das Bewußtsein der Rechtswidrigkeit gehört nicht zum Vorsatz. Nimmt der Täter irrigerweise einen Rechtfertigungsgrund an, dessen Bestehen vom Recht nicht anerkannt ist (etwa ein ärztliches Berufsrecht), so ist dies ein unbeachtlicher Strafrechtsirrtum. Irrt er dagegen lediglich über die Anwendbarkeit eines an sich rechtlich anerkannten, aber nicht im Strafrecht selbst geregelten Rechtfertigungsgrundes, oder nimmt er infolge tatsächlichen Irrtums eine Sachlage an, die, wenn sie vorhanden wäre, einen anerkannten Rechtfertigungsgrund bilden würden, so ist der Vorsatz zufolge Irrtums ausgeschlossen. Das gilt auch dann, wenn der Irrtum verschuldet ist. Beruht allerdings der Irrtum auf einer nicht pflichtmäßigen Prüfung der Voraussetzungen des Rechtfertigungsgrundes, so kann nicht nur Fahrlässigkeit, sondern auch bedingter Vorsatz in Frage kommen. (I, 11. März 1927.)
Amtl. Sammlg. S. 242—258.

Vgl. Bd. 1 S. 350; Bd. 2 S. 377; Bd. 4 S. 302; Bd. 16 S. 184; Bd. 20 S. 190; Bd. 23 S. 116; Bd. 25 S. 375; Bd. 28 S. 164; Bd. 36 S. 78, 334; Bd. 37 S. 150; Bd. 56 S. 168; Bd. 57 S. 268; Bd. 59 S. 404, 423; Bd. 60 S. 88, 295; RGZ. Bd. 53 S. 315.

73. **Kapitalverkehrssteuer. Gesellschaftseinbringen. Schankerlaubnis. Steuerverkürzung. Steuergefährdung. Fahrlässigkeit. Irrtum.** (KapVerkStG. § 6; RAbgO. §§ 355, 358, 367, 443; GewO. §§ 33, 45.) Bei der Gründung einer G. m. b. H., deren Zweck der Betrieb einer Wirtschaft war, wurden nur die Bareinlagen als

Einbringen beurkundet; es wurde ausdrücklich hervorgehoben, daß andere Zahlungen und Leistungen nicht übernommen seien. Das Finanzamt behandelte auch die behördliche Schankerlaubnis, die der eine Gesellschafter einbrachte, außerdem die Überlassung der auf Kosten des anderen Gesellschafters umgebauten Geschäftsräume und der von ihm beschafften Einrichtungsgegenstände sowie die ihm obliegende Kreditgewährung als steuerpflichtiges Einbringen. Dementsprechend wurden die beiden Gesellschafter wegen Steuerverkürzung verurteilt. Ihre Revisionen hatten Erfolg. Die Schankerlaubnis war ein an die Person des einen Gesellschafters gebundenes Recht, das nicht einmal zur Ausübung an andere Personen überlassen, also auch nicht in die G. m. b. H. eingebracht werden konnte. Daß die G. m. b. H. als Stellvertreterin des Gesellschafters bezüglich der Ausübung der Erlaubnis zum Betrieb der Schankwirtschaft bestellt worden wäre, war nicht ersichtlich und würde auch keine Einlage in die G. m. b. H. bedeutet haben. Bei der Überlassung der Geschäftsräume mit der Einrichtung kam es darauf an, welche tatsächlichen und rechtlichen Verhältnisse zugrunde lagen und von welchem wirtschaftlichen Wert das für die G. m. b. H. war. Geschah die Beschaffung, Herrichtung und Überlassung der Räume nebst Einrichtung ohne anderes Entgelt als den Erwerb und die Innehaltung von Gesellschaftsrechten, so lag darin eine steuerpflichtige Leistung; wurden dagegen die Räume und die Einrichtung auf Grund eines Miet- oder Pachtvertrags oder gegen sonstiges Entgelt überlassen, so war die Einbringung einer gleichwertigen Leistung jedenfalls dann zu verneinen, wenn der etwaige Miet- oder Pachtzins nicht unter der Grenze des üblichen blieb. Gleichartig verhielt es sich mit der Kreditgewährung. Überschritt sie nicht das Maß, das auch andere gute Kunden des Gesellschafters erwarten durften, so enthielt die der G. m. b. H. gewährte Vergünstigung keine Leistung, die über die vereinbarte Geschäftsverbindung hinaus einen Mehrwert darstellte, der als Entgelt für die Erwerbung der Gesellschaftsrechte oder in Erfüllung einer besonderen Gesellschaftspflicht der G. m. b. H. zur Verfügung gestellt wurde und eine wesentliche Voraussetzung für den Beginn oder die Fortführung der G. m. b. H. bildete. Für den inneren Tatbestand war von Belang, was bei der Verbriefung des Gesellschaftsvertrags besprochen wurde, insbesondere auch, welche Belehrung der Notar den Angeklagten hinsichtlich der Steuerpflicht der Einlagen erteilt hatte. Zur Steuergefährdung genügt schon ein fahrlässiges Bewirken einer Verkürzung von Steuereinnahmen oder einer ungerechtfertigten Gewährung von Steuervorteilen. Grobe Fahrlässigkeit wird hiefür nicht erfordert; anderseits sind die Finanzbehörden für befugt erklärt, von der Einleitung oder Durchführung des Steuerstrafverfahrens bei geringfügigem Verschulden abzusehen. Für das gerichtliche Verfahren gilt das nicht; hier ist lediglich der Allgemeinbegriff der strafrechtlichen Fahrlässigkeit mäßgebend, so daß es im Wesentlichen darauf ankommt, ob der Steuerpflichtige die Sorgfalt außer acht gelassen hat, die er nach den jeweiligen Umständen und seinen persönlichen Verhältnissen hätte aufwenden müssen. Unbillige Anforderungen dürfen hinsichtlich des Maßes der zu beachtenden Sorgfalt nicht an ihn gestellt werden; das gilt um so mehr, je weniger er bei der Neuheit oder Undurchsichtigkeit oder Mannigfaltigkeit von Steuervorschriften in der Lage ist, das Bestehen oder den Umfang einer Steuerpflicht zu erkennen. Freilich entbindet ihn das nicht von einer etwaigen Erkundigungspflicht; aber auch in dieser Hinsicht darf von ihm nicht mehr verlangt werden, als ihm in seiner Lage bei gewissenhafter Rücksichtnahme auf die Möglichkeit des Bestehens einer Steuerpflicht vernünftigerweise zugemutet werden kann. Wenn der Notar die Angeklagten nicht auf das Bestehen einer Steuerpflicht hingewiesen hatte, durften die Angeklagten annehmen, daß eine solche Pflicht nicht bestehe; wenn sie aber ohne Verschulden in einem Irrtum hierüber waren, wurde dadurch ihre Bestrafung wegen Steuergefährdung ausgeschlossen. Der Irrtum über das Bestehen einer Steuerpflicht enthält einen Irrtum über Tatumstände, der als solcher, wenn er unverschuldet ist, auch im Steuerstrafrecht die Bestrafung wegen Fahrlässigkeit schon nach den Vorschriften des Strafgesetzbuchs ohne weiteres ausschließt, ohne daß noch zu erörtern ist, ob das Verhalten für nicht strafbar gehalten wurde. Zu prüfen war aber noch, ob nicht schon eine Steuerverkürzung vorlag, die auf das Unterlassen von Angaben über die Leistungen der Gesellschafter gegenüber der Gesellschaft im Gesellschaftsvertrag zurückzuführen war. Das Finanzamt hatte auf der durch den beurkundeten Vertragsinhalt gegebenen steuerrechtlichen Grundlage vorerst nur einen vorläufigen Steuerbescheid erlassen und zugleich wegen etwaiger nicht beurkundeter Sacheinlagen Ermittelungen eingeleitet. Wenn wirklich eine Steuerschuld bestand, war diese längst fällig, als dem Finanzamt die zugrundeliegenden Leistungen bekannt wurden. Dadurch, daß der Gesellschaftsvertrag sie nicht angab, war das Finanzamt außer Stand gesetzt, die Steuer rechtzeitig festzusetzen und einzuheben. Die hieraus sich ergebende Verzögerung bedeutete, wenn eine Steuerpflicht bestand, eine Steuerverkürzung. (II, 2. Mai 1927.) Amtl. Sammlg. S. 259—264. Vgl. Bd. 57 S. 329; Bd. 60 S. 182; Bd. 61 S. 42; RGZ. Bd. 91 S. 239.

74. **Mittelbare Täterschaft. Anstiftung von Strafunmündigen. Schuldausschließungsgrund. Strafausschließungsgrund.** (StGB. §§ 48, 52; JGG. § 2.) Eine Brandstiftung wurde in der Weise verübt, daß der Täter seinen 13jährigen Enkel veranlaßte, das Feuer anzulegen. Er wurde wegen Anstiftung zur Brandstiftung angeklagt, vom Schwurgericht aber wegen mittelbarer Täterschaft verurteilt. Das Reichsgericht bestätigte das Urteil. Nach der ständigen Rechtsprechung des Reichsgerichts zum § 55 StGB. stellt die Strafunmündigkeit nur einen Strafausschließungsgrund, nicht einen Schuldausschließungsgrund dar; der Wortlaut der Vorschrift ging auch dahin, daß ein Strafunmündiger nicht strafrechtlich verfolgt werden könne. Die neue Fassung dieser Vorschrift (JGG. § 2) lautet dagegen, daß nicht strafbar ist, wer eine mit Strafe bedrohte Handlung begeht, ehe er 14 Jahre alt geworden ist. Das Reichsgericht ließ dahingestellt, ob hiernach die Strafunmündigkeit ein Schuldausschließungsgrund ist; in dem einen wie in dem anderen Fall war die Annahme des Schwurgerichts rechtsirrig, daß der Angeklagte als Täter seinen Enkel nur als Werkzeug gebraucht habe. Das Jugendgerichtsgesetz bestimmt ausdrücklich, daß durch seine Vorschriften über die Strafunmündigkeit die Strafbarkeit des An-

stifters, Gehilfen, Begünstigers und Hehlers nicht berührt werden. Nach den Feststellungen des Schwurgerichts hatte der Enkel des Angeklagten für sein Tun genügendes, wenn auch nicht volles Verständnis; demgemäß lag auf Seite des Angeklagten Anstiftung vor. Da die Strafe des Anstifters nach dem Gesetz festzusetzen ist, das auf die Handlung Anwendung findet, zu der er angestiftet hat und aus den Gründen des Urteils sich ergab, daß der Angeklagte bei richtiger Beurteilung seiner Tat nicht milder gestraft worden wäre, war nur der Schuldspruch zu berichtigen. (II, 17. März 1927.)

Amtl. Sammlg. S. 265—268.

Vgl. Bd. 6 S. 186, 336; Bd. 19 S. 192; Bd. 25 S. 366; Bd. 31 S. 161; Bd. 47 S. 385; Bd. 50 S. 199; Bd. 53 S. 86, 143; Bd. 57 S. 206.

75. **Beihilfe. Gewerbsmäßigkeit.** (StGB. §§ 50, 294.) Zwischen zwei Männern wurde vereinbart, daß der eine unbefugt die Jagd ausüben und mit dem Erlös Gewehre aufkaufen, der andere aber ihm diese Gewehre abnehmen solle. Die Verurteilung wegen gewerbmäßiger unbefugter Jagdausübung und Beihilfe dazu wurde bestätigt. Sie war, soweit Beihilfe in Betracht kam, allerdings nur dann gerechtfertigt, wenn die Absicht, aus dem in Aussicht genommenen Gewehrhandel einen dauernden Erwerb zu erzielen, ausreichte, um die Beihilfe des Angeklagten zum Jagdvergehen seines Genossen als eine selbst gewerbsmäßige erscheinen zu lassen. Der Nutzen, auf den der Angeklagte hiebei ausging, stand mit dem gewerbsmäßigen Jagdvergehen nur in einem mittelbaren Zusammenhang; das reichte aber aus. Wenn auch die besonderen Umstände, die zu einer Strafschärfung Anlaß gaben, beim Gehilfen selbst vorliegen müssen, so kann nicht mehr erfordert werden, als daß die Vorteile, die ihm aus der Beihilfehandlung erwachsen, ihm eine dauernde Einnahmequelle bieten und es ist gleichgiltig, ob der ihm zufallende wirtschaftliche Nutzen seiner Art nach ein anderer ist als die Vorteile, die der Haupttat selbst eigen sind. (I, 22. März 1927.)

Amtl. Sammlg. S. 268—269.

76. **Aufforderung zum Verbrechen. Bestechung. Gesetzeseinheit. Vorteil.** (StGB. §§ 49a, 332, 333.) Ein Kaufmann forderte zwei Gerichtsschreibereibeamte auf,

ihm gegen Geldzuwendung unerlaubte Mitteilungen aus Aufwertungsakten zu machen. Er wurde wegen Aufforderung zum Verbrechen in Tateinheit mit versuchter Bestechung verurteilt. Das Reichsgericht verwies die Sache zurück. Es ging rechtlich nicht an, neben § 333 StGB. auch den § 49a als verletzt anzusehen. Das lediglich mündlich ausgedrückte Auffordern wird nach dieser Vorschrift nur dann bestraft, wenn es an die Gewährung von Vorteilen geknüpft worden ist. Daran fehlte es im vorliegenden Fall. Das in Aussicht gestellte Bestechungsgeld war nicht als ein solcher Vorteil anzusehen, denn Vorteile, die gerade durch die Verübung des Verbrechens erzielt werden sollen, kommen für den Tatbestand des § 49a nicht in Betracht. Außerdem ist Tateinheit zwischen Bestechung und Aufforderung zu Verbrechen nur dann denkbar, wenn die Aufforderung sich auf ein anderes Verbrechen als das der Bestechlichkeit bezieht; so wäre die Rechtslage hier gewesen, wenn die unbefugte Mitteilung des Inhalts der Aufwertungsakten sich als ein Verbrechen dargestellt hätte. Das war nicht der Fall. Es handelte sich um einen gesetzlichen Tatbestand, also um einen Fall der Gesetzeseinheit. (III, 24. März 1927.) Amtl. Sammlg. S. 269—270. Vgl. Bd. 3 S. 390; Bd. 9 S. 261; Bd. 12 S. 54; Bd. 56 S. 362.

77. **Begünstigung. Angehörige. Irrtum.** (StGB. §§ 52, 59, 257.) Ein Mädchen, das mit einem Mann ein Liebesverhältnis unterhielt und ihm Beistand geleistet hatte, um ihn der Bestrafung zu entziehen, berief sich gegenüber der Anklage wegen Begünstigung darauf, daß es den Mann als seinen Bräutigam angesehen hatte. Er war verheiratet, lebte aber im Scheidungsverfahren. Das Reichsgericht bestätigte die Verurteilung. Die Vorschrift des § 257 Abs. 2 StGB. hat nur die Bedeutung eines persönlichen Strafausschließungsgrundes, dessen Voraussetzung das Bestehen eines Angehörigkeitsverhältnisses im Sinne des § 52 Abs. 2 StGB. bildet. Sie erkennt an, daß beim Vorliegen solcher Beziehungen bei gewissen strafbaren Handlungen das Strafverfolgungsrecht des Staates zurücktreten muß gegenüber den durch das Bestehen des Angehörigkeitsverhältnisses gebotenen Rücksichten. Demgemäß kommt es nur auf das

tatsächliche Vorliegen dieses Verhältnisses, nicht aber darauf an, ob der Täter irrigerweise das Bestehen eines solchen Verhältnisses annahm. Der § 59 StGB. findet insoweit keine Anwendung. Es handelt sich hier um Umstände, die rein persönlicher Natur sind, nicht der Tat als solcher zukommen und daher nicht zur gesetzlichen Tatbestandsbildung verwendet werden oder eine erhöhte Strafbarkeit begründen. Das Bestehen einer Ehe schließt das Zustandekommen eines Verlöbnisses mit einem der Ehegatten aus; demgemäß lag kein Angehörigkeitsverhältnis vor. (I, 25. März 1927.)

Amtl. Sammlg. S. 270—271.

Vgl. Bd. 4 S. 346; Bd. 10 S. 117; Bd. 14 S. 7; Bd. 24 S. 155; Bd. 43 S. 67; Bd. 59 S. 61.

78. **Raufhandel. Ursache.** (StGB. § 227.) Drei Burschen wurden von einer Schar anderer Burschen angegriffen. Sie flüchteten sich, ohne verfolgt zu werden. Auf der Flucht wendete sich einer von ihnen um und schlug den anderen, der unmittelbar hinter ihm lief, im Glauben, er sei einer der Angreifer, mit einer Eisenstange über den Kopf; dieser starb infolge der Verletzung. Die Annahme, daß der Tod durch Raufhandel verursacht worden sei, wurde vom Reichsgericht für unhaltbar erklärt. Der § 227 StGB. hat zur Voraussetzung, daß durch den Angriff der Tod eines Menschen oder eine schwere Körperverletzung verursacht worden ist. Damit ist unzweideutig zum Ausdruck gebracht, daß die Ursache zeitlich während des Angriffs gesetzt sei und sachlich innerhalb seines Rahmens liegen muß. Handlungen nach Beendigung des Angriffs fallen nicht unter diesen Tatbestand, auch wenn sie ohne den Angriff nicht geschehen wären. Die Schlägerei ist in einem solchen Fall wohl der Anlaß, nicht aber die Ursache des Todes. (III, 28. März 1927.) Amtl. Sammlg. S. 272.

79. **Verrat von Betriebsgeheimnissen. Sachverständigenbeweis. Bedingter Vorsatz.** (UnlWG. § 17; StPO. § 338.) Ein entlassener Angestellter einer Fabrik bot einem anderen Fabrikanten Rezepte an, deren Kenntnis er dort erlangt hatte; dieser erwarb sie. Er wurde wegen unlauteren Wettbewerbs verurteilt. Seine Revision hatte Erfolg. Die Annahme des Landgerichts, schon allein der Ankauf von Betriebsgeheimnissen einer fremden

Firma von deren entlassenen Angestellten verstoße gegen die guten Sitten, begegnete rechtlichen Bedenken. Das Gesetz verbietet es einem Angestellten nicht, jene Betriebsgeheimnisse, die ihm ohne Vertrauensbruch in seiner bisherigen Dienststellung zur Kenntnis gelangt sind, nach Beendigung des Dienstverhältnisses zu verwerten, sei es auch zu Zwecken des Wettbewerbs mit seinem bisherigen Dienstherrn. Demgemäß verstößt auch der Erwerb eines solchen Betriebsgeheimnisses nicht ohne weiteres gegen die guten Sitten, sondern nur dann, wenn der Erwerbende sich dessen bewußt ist, daß der Angestellte die Kenntnis des Geheimnisses durch einen Vertrauensbruch erlangt hat und es deshalb einem anderen nicht mitteilen darf. Es genügt allerdings auch bedingter Vorsatz; dafür ist aber erforderlich, daß mit dem unlauteren Erlangen des Betriebsgeheimnisses gerechnet und daß der Erwerb auch für diesen Fall gewollt wird. Der Angeklagte hatte einen Sachverständigen dafür benannt, daß die Rezepte in der Fachpresse schon besprochen und deshalb als offenkundig anzusehen gewesen seien. Das Landgericht hatte den Antrag abgelehnt und dies damit begründet, daß das Gegenteil schon erwiesen sei. Das Reichsgericht mißbilligte das. Das Gericht kann die Zuziehung eines Sachverständigen unterlassen, wenn es sich selbst die nötige Sachkunde zutraut und diese nach der Erfahrung des Lebens auch haben kann. Das hatte das Landgericht selbst nicht behauptet; es hatte die Offenkundigkeit der Rezepte lediglich auf Grund der Aussage eines Zeugen verneint. Der Beweisantrag diente dem Zweck, die Aussage dieses Zeugen zu erschüttern und es bedeutete eine unzulässige Beschränkung der Verteidigung des Angeklagten, wenn ihm dieser Gegenbeweis abgeschnitten wurde. (I, 1. April 1927.)

Amtl. Sammlg. S. 273—274.

Vgl. Bd. 33 S. 62; Bd. 52 S. 61.

80. Konkursvergehen. Handelsbilanz. Steuerbilanz. (HGB. §§ 38, 39; GoldBilVO. § 1; KO. § 240; RAbgO. §§ 162, 163.) Ein Kaufmann stellte zum 1. Januar 1924 zwei Golderöffnungsbilanzen auf; die eine, die einen Vermögensbestand von etwa 2000 Goldmark aufwies, verwahrte er in seinem Geldschrank, die andere, die mit einem Fehlbetrag von mehr als 7000 Goldmark abschloß, trug er in das Bilanzbuch ein. Die zweite Bilanz war bewußt falsch; sie diente nur einer Verschleierung der steuerbaren Werte. Nachdem über sein Vermögen das Konkursverfahren eröffnet worden war, wurde er wegen einfachen Bankerotts angeklagt und verurteilt. Seine Revision hatte Erfolg. Die heimliche Verwahrung der echten Bilanz nahm dieser nicht die Bedeutung einer rechtzeitig und vorschriftsmäßig aufgestellten Bilanz, aus der jederzeit der Vermögensstand des Geschäfts am 1. Januar 1924 zu ersehen war. Eine Verpflichtung zur Eintragung der Bilanz in das Bilanzbuch besteht nur aus steuerrechtlichen, nicht aus handelsrechtlichen Erwägungen, so daß in der Eintragung einer falschen Bilanz in das Bilanzbuch handelsrechtlich nur ein Verstoß gegen die Pflicht ordnungsmäßiger Buchführung gefunden werden kann. Die handelsrechtliche Bilanz soll vornehmlich die Belange der Gläubiger, der Geschäftsinhaber und des Unternehmens selbst wahren. Ihr Zweck bedingt, daß, soweit nicht, wie bei einer Auseinandersetzung, die wirklichen Werte zu ermitteln sind, die vorhandenen Vermögenswerte möglichst vorsichtig, also niedrig geschätzt werden. Daran ist auch durch die Goldbilanzverordnung nichts geändert worden. Es ist den Kaufleuten auch nicht verwehrt, ihre handelsrechtlichen Bilanzen so aufzubewahren, daß Unbefugten der Einblick in sie entzogen ist. Neben der Handelsbilanz ist aber auch eine Steuerbilanz aufzustellen; für diese gilt als oberster Grundsatz, daß, soweit nichts anderes vorgesehen ist, der gemeine Wert einzusetzen ist, daß also eine zu niedrige Bewertung unterbleiben muß. Diese Pflicht war im vorliegenden Fall verletzt worden, aber weder dieser Umstand noch die Verheimlichung der richtigen Handelsbilanz beseitigte die Tatsache, daß der Angeklagte eine richtige Handelsbilanz aufgestellt hatte. Damit entfiel seine Strafbarkeit wegen Bankerotts. (II, 4. April 1927.)

Amtl. Sammlg. S. 275—277.

Vgl. RGZ. Bd. 115 S. 278.

81. **Ausbleiben des Angeklagten. Änderung der Gesetzgebung. Geldstrafe.** (StGB. §§ 2, 27b; StPO. §§ 228, 230, 232, 329.) Gegen ein Urteil, das wegen Leistungswuchers und preistreibender unlauterer Machenschaften eine Gefängnisstrafe und eine Geldstrafe aus-

sprach, legte der Angeklagte Berufung ein. Das Landgericht milderte die Strafe. Auf die Revision des Angeklagten wurde die Sache zurückverwiesen. In dem neuen Urteil wurden die Strafen weiter gemildert. Die Revision des Angeklagten führte zur Aufhebung des Urteils im Strafausspruch; die Sache wurde zur Nachholung der Prüfung, ob der Zweck der Strafe auch durch eine Geldstrafe erreicht werden könne, an die Vorinstanzen zurückverwiesen. Kurz vor dem Termin beantragte der Angeklagte Vertagung, weil er nicht verhandlungsfähig sei. Der Antrag wurde abgelehnt. Im Termin erschien nur der Verteidiger des Angeklagten und wiederholte den Antrag auf Vertagung; der Staatsanwalt schloß sich an. Das Landgericht verwarf die Berufung. Die neuerliche Revision führte wieder zur Zurückverweisung. In Abwesenheit des Angeklagten kann eine Verhandlung durchgeführt werden, wenn die Tat nur mit Geldstrafe, Haft oder Einziehung bedroht ist. Das traf nicht zu; der Umstand, daß der Schuldausspruch und der Strafausspruch an sich rechtskräftig waren und daß nur noch zu prüfen war, ob der Strafzweck nicht durch eine an die Stelle der Gefängnisstrafe tretende Geldstrafe erreicht werden könne, ermöglichte nicht, die Verhandlung in Abwesenheit des Angeklagten durchzuführen. Da ein Fall zulässiger Vertretung nicht vorlag, war auch der Verteidiger nicht befugt, einen Vertagungsantrag mit der Wirkung zu stellen, daß das Gericht darüber einen besonderen Beschluß fassen mußte. Gleichwohl war die sofortige Verwerfung der Berufung des Angeklagten unzulässig. Die Vorschrift, daß die Berufung eines ausgebliebenen Angeklagten sofort verworfen werden darf, beruht auf der Annahme, daß der Berufungsführer, der ohne genügende Entschuldigung der Berufungsverhandlung ferngeblieben ist, auf sein Rechtsmittel verzichten will. Eine solche Ausnahmevorschrift, die für einen Angeklagten unter Umständen sehr gefährlich werden kann, ist auf das engste auszulegen. Das Reichsgericht entschied, daß die Vorschrift unanwendbar ist, wenn eine in Anwesenheit des Angeklagten begonnene Hauptverhandlung unterbrochen oder ausgesetzt worden ist und der Angeklagte in der fortgesetzten oder neu anberaumten Hauptverhandlung ausbleibt oder wenn auf

Grund einer in seiner Anwesenheit durchgeführten Hauptverhandlung ein Urteil gefällt, dieses vom Revisionsgericht aufgehoben und die Sache zur neuen Verhandlung an das Berufungsgericht zurückverwiesen worden ist. Bleibt in Fällen solcher Art der Angeklagte ohne genügende Entschuldigung aus, so ist die Vorführung anzuordnen oder Haftbefehl zu erlassen. Die inzwischen erfolgte Aufhebung der Preistreibereiverordnung nötigte nicht dazu, den Angeklagten freizusprechen; das hätte nur dann geschehen müssen, wenn durch das frühere Revisionsurteil der Schuld- und Strafausspruch oder doch der Strafausspruch im ganzen aufgehoben worden wäre. Da aber nicht nur der Schuldausspruch, sondern auch der Strafausspruch rechtskräftig war, konnte eine Freisprechung nicht mehr in Frage kommen; es war nur noch zu prüfen, ob nicht der Strafzweck auch durch eine an die Stelle der an sich verwirkten Gefängnisstrafe tretende Geldstrafe erreicht werden konnte. (I, 5. April 1927.) Amtl. Sammlg. S. 278—281.

82. **Öffentliche Ausspielung. Schneeballensystem. Werbung. Revision. Unlauterer Wettbewerb.** (StGB. § 286; UnlWG. § 4.) Ein Fahrradhändler vertrieb eine Werbeschrift, worin er sich erbot, für 7 Goldmark ein erstklassiges Fahrrad zu liefern. Wer sich auf das Erbieten einlassen wollte, wurde aufgefordert, einen Kaufvordruck zu unterzeichnen und eine Anzahlung von 7 Goldmark zu leisten, worauf ihm unter Nachnahme von 28 Goldmark vier gleichlautende Kaufvordrucke zugingen; er sollte dann vier neue Käufer gewinnen, von ihnen Kaufvordrucke unterschreiben lassen und die Anzahlung von 7 Goldmark einheben, wodurch er den Nachnahmebetrag wieder zurückerhielt. Falls dann jeder der vier neu gewonnenen Käufer die Nachnahme mit 28 Goldmark einlöste, erhielt der erste Käufer das Rad unentgeltlich geliefert. In diesem Vorgehen wurde eine unerlaubte Ausspielung erblickt. Darauf änderte der Fahrradhändler das Angebot dahin ab, daß das Rad zum Preis von 127 Reichsmark und 12 Reichsmark Risikozuschlag auf Abzahlung gekauft werden sollte; die Abzahlung betrug 4 Reichsmark die Woche, beginnend 7 Tage nach Absendung des Rades; das Rad wurde sofort unter Eigentumsvorbehalt ausgeliefert, nachdem der Käufer 7 Reichsmark an den Ver-

treter und 28 Reichsmark an den Verkäufer gesandt hatte. Für die Beibringung weiterer Käufer wurden Provisionen von 30 Reichsmark für jeden Käufer zugesichert. Auch hierin wurde ein Vergehen der unerlaubten öffentlichen Ausspielung gefunden. Es handelte sich um einen festen Kaufvertrag, bei dem eine Anzahlung zu leisten war und zugleich jedem beliebigen Käufer die Möglichkeit geboten wurde, durch Werbung neuer Kunden den Kaufpreis auf einen verschwindend kleinen Teil des ursprünglich festgesetzten Betrags herabzumindern. In beiden Fällen war ein von vorneherein fester Warenkauf mit einem Kaufvermittlungsvertrag verbunden, der alle wesentlichen Merkmale der Ausspielung enthielt. Der Einsatz des Käufers war in der Anzahlung und in der beim Ausfall der Gewinnhoffnung wirksam werdenden Verpflichtung zur Zahlung des Restkaufpreises, der dem Käufer in Aussicht gestellte Gewinn in der Abminderung des Kaufpreises, die Abhängigkeit des Gewinnes vom Zufall darin zu erblicken, daß die Möglichkeit der Gewinnung neuer Kunden nicht vom Willen und der Geschäftstüchtigkeit des Käufers abhängig, überhaupt im voraus nicht mit Sicherheit zu beurteilen war, sondern ganz überwiegend von ungewissen, der Einwirkung des Käufers entzogenen Umständen abhing. Diese Abhängigkeit des Erfolgs vom Zufall konnte und mußte bei entsprechender Denkfähigkeit und genügendem Nachdenken auch von den Käufern erkannt werden. Daß die Mehrzahl von ihnen sich hierüber täuschte, nach der Absicht des Angeklagten auch täuschen sollte, vermochte dem Unternehmen nicht die Eigenschaft einer Ausspielung zu nehmen. Das Verkaufssystem des Angeklagten war im wesentlichen kein anderes als das vom Reichsgericht wiederholt als Ausspielung gekennzeichnete Hydra- oder Gellasystem; dadurch, daß es in verschleierter Form auftrat, die bei oberflächlicher Betrachtung der ganzen Sachlage einen harmlosen, unverdächtigen Anschein gab, wurde die Gefahr für die Allgemeinheit nur verstärkt. Gerade vom wirtschaftlichen Standpunkt aus darf nicht daran vorbeigegangen werden, daß jedes derartige, mit Provisionszusicherung verbundene System der kettenweise fortschreitenden Kundenwerbung in außerberuflicher Tätigkeit darauf angelegt ist, durch Aussicht auf einen scheinbar mühelosen Gewinn, demnach durch Ausnützung der Spielleidenschaft, auch solche Kundenkreise zum Kaufabschluß anzureizen, bei denen es zweifelhaft erscheint, ob der Kauf mit ihren Einkommens- und sonstigen Verhältnissen sich verträgt. Auch der Tatbestand des unlauteren Wettbewerbs wurde durch das Vorgehen des Angeklagten erfüllt. Eine Irreführung der Käufer lag in der ganzen Aufmachung des Werbesystems des Angeklagten, das auf eine Täuschung der Käufer über die wahren Aussichten der Kaufpreisverbilligung bewußt abgestellt war, insbesondere nach der Richtung, als ob die Kundenwerbung durch den Käufer mit leichter Mühe und mit einiger Sicherheit zu erreichen sei. Das Risiko des einzelnen Käufers war darin zu erblicken, daß er im Falle des Mißlingens der Kundenwerbung entgegen seiner Hoffnung, von weiteren Abzahlungen befreit zu werden und sogar einen Teil der Anzahlung zurückzuerhalten, nunmehr den ganzen Kaufpreis leisten oder die Ware unter teilweiser Einbuße der Anzahlung wieder herausgeben mußte. (III, 7. April 1927.) Amtl. Sammlg. S. 281—287. Vgl. Bd. 34 S. 140, 321, 390, 403; Bd. 60 S. 250, 357, 379, 385; RGZ. Bd. 115 S. 319.

83. Berichterstattung im Berufungsverfahren. Unmittelbarkeit des Verfahrens. Beweisaufnahme. (StPO. § 324.) In einem Berufungsverfahren wurde über ein damit zusammenhängendes Privatklageverfahren Bericht erstattet. In der Revision wurde das als eine Verletzung der Vorschriften über die Unmittelbarkeit des Verfahrens bezeichnet und ausgeführt, daß die Akten über das Privatklageverfahren in vollem Umfang hätten vorgetragen werden müssen. Das beruhte auf einer Verwechslung der Berichterstattung und der Feststellung des Sachverhalts. Für das Berufungsverfahren ist ein Bericht über das Ergebnis des bisherigen Verfahrens ausdrücklich vorgeschrieben. Daraus folgt, daß der Vortrag sich auf Gegenstände beziehen kann und unter Umständen beziehen muß, die nicht im schöffengerichtlichen Urteil enthalten sind, soferne dies durch den Zweck der Berichterstattung, den Gegenstand der Verhandlung zu bestimmen, insbesondere Inhalt, Umfang und Ziel des Rechtsmittels klarzustellen, geboten ist. Innerhalb dieser Grenzen ist Inhalt und Umfang der Berichterstattung dem pflichtmäßigen Ermessen der Prozeßleitung überlassen. Die Revision bezeichnete selbst die Privatklagesache als die Grundlage der ganzen Beurteilung des Straffalles; demgemäß war eine Berichterstattung über sie geboten. Eine Verlesung der einzelnen Aktenstücke wäre nur notwendig gewesen, wenn diese als Beweismittel bezeichnet worden wären. Das war nicht geschehen. (III, 7. April 1927.)

Amtl. Sammlg. S. 287—288.

Vgl. Bd. 24 S. 104.

84. **Steuerstrafverfahren. Rechtshängigkeit. Tateinheit.** (RAbgO. §§ 359, 383; StGB. § 156; StPO. § 264.) In einem notariellen Vertrag über den Kauf eines Grundstücks wurde der Kaufpreis unrichtig angegeben; auch enthielt der Vertrag verschiedene Nebenabreden nicht. Trotzdem versicherten die Parteien an Eides Statt, daß der Vertrag richtig und vollständig mitgeteilt sei. Sie wurden wegen falscher Versicherung an Eides Statt, der Unterhändler, der den Kauf vermittelt hatte, wegen Anstiftung hiezu verurteilt. In seiner Revision berief er sich auf Rechtshängigkeit der Sache und wies darauf hin, daß gegen ihn wegen Beihilfe zur Hinterziehung der Grunderwerbsteuer eine Untersuchung schwebe. Das Rechtsmittel hatte keinen Erfolg. Die den Käufern zur Last gelegte Steuerhinterziehung traf mit der Abgabe einer wissentlich falschen Versicherung an Eides Statt tateinheitlich zusammen, da durch die Versicherungen die unrichtigen Angaben über Kaufbedingungen, die den Tatbestand der Steuerhinterziehung bildeten, als richtig bekräftigt worden waren. Die Strafe war nicht aus dem Steuergesetz, sondern aus dem Strafgesetzbuch zu entnehmen, da dieses die schwerere Strafdrohung enthielt. Auf den Antrag des Beschuldigten hätte daher das Schöffengericht, ohne in der Sache selbst zu entscheiden, den Strafbescheid des Finanzamts aufheben und die Verhandlungen der Staatsanwaltschaft mitteilen müssen. Das war nicht geschehen; eine Hauptverhandlung in der Steuersache hatte überhaupt noch nicht stattgefunden. Das mit einem unzulässigen Strafbescheid eingeleitete und nicht bis zur Verkündung eines Urteils fortgeschrittene Verfahren vermochte ebensowenig wie ein amtsrichterlicher Strafbefehl die Wirkungen der Rechtshängigkeit zu äußern, stand also der Verurteilung

des Beschwerdeführers wegen Anstiftung der Käufer zur Abgabe der wissentlich falschen Versicherung an Eides Statt nicht entgegen. (II, 7. April 1927.)

Amtl. Sammlg. S. 289—290.
Vgl. Bd. 56 S. 251.

85. **Gesellschaft mit beschränkter Haftung. Überschuldung. Konkursvergehen.** (GmbHG. §§ 42, 64.) Der Geschäftsführer einer G. m. b. H. stellte am 31. Juli 1925 eine Bilanz auf; nach dieser ergab sich ein Überschuß. Da ihm bekannt war, daß in Wirklichkeit eine Überschuldung bestand, beantragte er am 18. August 1925 die Anordnung der Geschäftsaufsicht. Er wurde wegen Konkursvergehens verurteilt; seine Revision hatte keinen Erfolg. Der Geschäftsführer einer G. m. b. H. hat die Eröffnung des Konkursverfahrens zu beantragen, sobald die Zahlungsunfähigkeit der Gesellschaft eintritt oder aus der Jahresbilanz oder aus einer im Laufe des Geschäftsjahres aufgestellten Bilanz Überschuldung sich ergibt. Für den Fall der Zahlungsunfähigkeit ist diese Vorschrift derzeit außer Kraft gesetzt (Bek. vom 8. August 1914). Für den Fall der Überschuldung ist sie wirksam. Es fragte sich also, ob die Überschuldung aus der aufgestellten Bilanz erkennbar war. Der aus der Vergleichung der Aktiva und Passiva sich ergebende Gewinn oder Verlust muß am Schluß der Bilanz besonders angegeben werden. Der Umstand, daß die Bilanz ein Aktivvermögen aufweist, steht aber der Annahme nicht entgegen, daß sich gleichwohl aus ihr eine Überschuldung ergeben kann, wenn die Geschäftsbücher eine solche erkennen lassen. Da im Fall der Überschuldung der Antrag auf Eröffnung des Konkurses unverzüglich zu stellen ist, war die Verurteilung des Angeklagten gerechtfertigt. (II, 7. April 1927.) Amtl. Sammlg. S. 291—293.

Vgl. Bd. 37 S. 26, 324; Bd. 44 S. 51; Bd. 50 S. 151;
Bd. 51 S. 22; RGZ. Bd. 80 S. 108.

86. **Unzüchtige Darstellung. Unbrauchbarmachung. Zulässigkeit der Revision.** (StGB. §§ 41, 184.) In einer Zeitschrift wurde ein Bild veröffentlicht, das „Modellpause" unterschrieben war und darstellte, wie drei nackte Frauen miteinander plauderten. Nachdem wegen des Bildes gegen den Zeichner und den verantwortlichen Schriftleiter ein Strafverfahren eingeleitet worden war,

veröffentlichte ein anderer Zeichner in derselben Zeitschrift ein Bild, auf dem eine Reihe nackter Frauen dargestellt waren. Auch gegen ihn wurde ein Verfahren eingeleitet. Das Urteil lautete gegen einen der Angeklagten auf Einstellung, gegen die anderen auf Freisprechung wegen Mangel des inneren Tatbestands; zugleich wurde aber die Unbrauchbarmachung der zur Herstellung der Bilder bestimmten Platten und Formen angeordnet. Alle Angeklagten legten Revision ein. Das Reichsgericht erkannte sie für zulässig, da die Angeklagten durch die Anordnung der Unbrauchbarmachung der Platten und Formen beschwert waren. Auch wenn ihnen aus dieser Anordnung kein wirtschaftlicher Nachteil erwuchs, bedeutete doch schon die Feststellung, daß der äußere Tatbestand eines Vergehens gegen die Sittlichkeit gegeben sei, eine Beeinträchtigung für sie, weil dadurch ihre Handlungsweise, auch wenn sie nicht bestraft worden war, doch gebrandmarkt wurde. Die Anordnung wurde aufgehoben. Die Darstellung des nackten Körpers, auch des erwachsenen Mannes und der erwachsenen Frau, ist für sich, selbst wenn dabei die Geschlechtsteile sichtbar werden, noch nicht unzüchtig. Es muß eine Betonung des Geschlechtsteils und zwar in der Weise stattfinden, daß dadurch eine Beziehung zu einem geschlechtlichen Vorgang hergestellt wird. Diese Beziehung ist nicht ohne weiteres mit der Darstellung des Geschlechtsteils gegeben und kann es schon deshalb nicht sein, weil der Geschlechtsteil auch einer anderen natürlichen Bestimmung dient. Eine Darstellung dieser Verwendung kann unanständig sein, ist aber nicht unzüchtig, wenn nicht zugleich jene Beziehung zum Geschlechtlichen vorliegt. Das hatte das Landgericht verkannt. Auf dem ersten Bilde waren Frauen dargestellt, die als Modelle gewohnt waren, sich unbekleidet zu zeigen. Bei keiner von ihnen ließ sich sagen, sie trage aus Sinnlichkeit und um eine Beziehung zum Geschlechtlichen herzustellen, ihre Reize zur Schau; vielmehr trat bei allen nur die unbefangene Selbstverständlichkeit des Benehmens von Frauen der bezeichneten Art zu Tage, die unter sich sind und in der Erholungspause heitere Unterhaltung pflegen. Auch darin, daß eine der Frauen beim Binden des Schuhes ihren Geschlechtsteil deutlich zeigte, wurde eine Unzüchtigkeit nicht gefunden, weil dafür, daß ihre Stellung eigens deshalb gewählt worden wäre, um damit eine Beziehung zu einem geschlechtlichen Vorgang zu betonen, kein Anhalt vorlag. Der Zeichner hatte nur eben davon abgesehen, den Frauen geflissentlich Stellungen zu geben, bei denen die Geschlechtsteile abgekehrt oder verhüllt waren. War aber der dargestellte Vorgang selbst in seinem Wesen nicht unzüchtig, so erfüllte auch seine Darstellung keinen strafbaren Tatbestand. Es wäre rechtsirrig, die Sache so zu beurteilen, als spielte sich nun der dargestellte Vorgang selbst vor dem Beschauer ab, also vor der Öffentlichkeit, an die sich die Zeichnung wendet; insbesondere macht auch der Umstand, daß die Abbildung nackter Körper, zumal der Geschlechtsteile, bei gewissen Beschauern, besonders bei jugendlichen Personen, einen geschlechtlichen Anreiz üben kann, das Bild nicht zu einem unzüchtigen, soferne nicht eben der dargestellte Lebensvorgang selbst auf geschlechtliche Beziehungen abzielt. Das zweite Bild hatte den Zweck, zu zeigen, welche Abbildungen von nackten Frauen unbeanstandet gelassen worden waren. Dieser Zweck war für die Frage, ob die Darstellung das Sittlichkeitsgefühl in geschlechtlicher Hinsicht verletzte, nicht schlechthin entscheidend, zumal der Zusammenhang des Bildes mit der Beanstandung des anderen Bildes nicht allen Lesern erkennbar war; ebenso war ohne Belang, ob die dargestellten Bilder anderswo veröffentlicht worden waren. Das Bild war für sich zu beurteilen und es war denkbar, daß die Zusammenstellung unzüchtig wirkte, auch wenn die einzelnen Bilder nicht unzüchtig waren. Auch hier fand aber das Reichsgericht, daß alle Bilder keine betonte Beziehung zum Geschlechtlichen erkennen ließen. Demnach war auch der äußere Tatbestand der Unzüchtigkeit nicht verwirklicht. (I, 10. Mai 1927.)

Amtl. Sammlg. S. 293—297.

87. **Gerichtsvollzieher. Durchsuchung. Rechtmäßigkeit der Amtsausübung. Widerstand.** (ZPO. § 758; StGB. § 113.) Einem Gerichtsvollzieher wurde, als er zum Zwecke der Pfändung eine Wohnung durchsuchen wollte, Widerstand geleistet. Die hiewegen angeklagte Frau berief sich darauf, daß es sich um ihre Wohnung, nicht um jene des bei ihr in Miete wohnenden Schuld-

ners gehandelt habe und daß darum die Durchsuchung nicht rechtmäßig gewesen sei. Ihre Revision hatte keinen Erfolg. Die Strafvorschrift schützt jeden Beamten, der durch sein Amt zur Vollstreckung des Staatswillens berufen ist und zu diesem Zwecke tätig wird. Ob für den Beamten das Recht und die Pflicht zu einer solchen Betätigung gegeben ist, hängt häufig nicht bloß von den ihn bindenden Vorschriften der Gesetze und Ausführungsvorschriften ab, kann vielmehr an das Vorhandensein bestimmter tatsächlicher Voraussetzungen gebunden sein, die er unter eigener Verantwortung ständig zu prüfen und festzustellen hat. Das trifft besonders für Vollstreckungshandlungen des Gerichtsvollziehers zu. Die staatliche Rechtsordnung würde mit sich selber in Widerspruch geraten, wenn sie die Vornahme oder den Versuch der Vornahme auf solcher pflichtmäßiger Prüfung und Entschließung beruhender Amtshandlungen, die das Gesetz dem Beamten auferlegt, denen er sich also kraft seiner Amtspflicht unterziehen muß, nicht als rechtmäßige Amtsausübung gelten ließe. Daß das Ergebnis einer Amtsbestätigung sachlich falsch ist, berührt ihre Rechtmäßigkeit nicht, vorausgesetzt, daß der Beamte nicht pflichtwidrig handelt. Selbst wenn also der Gerichtsvollzieher in der Annahme, die Wohnung sei jene des Schuldners, sich irrte, befand er sich in rechtmäßiger Ausübung seines Amtes. (III, 12. Mai 1927.)

Amtl. Sammlg. S. 297—299.

Vgl. Bd. 26 S. 22; Bd. 38 S. 373; Bd. 41 S. 82.

88. **Fahrlässige Körperverletzung. Gewerbepflicht. Kraftwagenführer. Strafantrag.** (StGB. §§ 61, 222, 230.) Ein Fabrikleiter bediente sich zum Besuch der auswärtigen Zweiganstalten des Unternehmens eines Kraftwagens, der regelmäßig von dem dazu bestimmten Fahrer geleitet wurde; ausnahmsweise steuerte er den Wagen selbst. Bei einer solchen Fahrt stieß er mit einem Radfahrer zusammen und verletzte ihn. Das Verfahren wegen fahrlässiger Körperverletzung wurde wegen Mangels eines rechtzeitig gestellten Strafantrags eingestellt. Die Revision des Nebenklägers hatte Erfolg. Ein Strafantrag war nicht notwendig, wenn eine Gewerbepflicht verletzt war. Das Landgericht hatte angenommen, eine solche Verletzung liege deshalb nicht vor, weil der An-

geklagte den Wagen nur gelegentlich steuerte. Darauf kam es nicht an. Wer im Betrieb eines gewerblichen Unternehmens sich den nach der Betriebseinrichtung dazu gehörigen Betätigungen unterzieht, hat für die dazu erforderliche Kenntnis, Erfahrung und Umsicht einzustehen, die eine Vermeidung der damit verbundenen Gefahren ermöglicht. Entscheidend ist also, ob die Betätigung als Ausübung des Gewerbes erfolgt. Wenn der Angeklagte bei der Erledigung der Fahrten zur Besichtigung der Zweiganstalten den Wagen lenkte, betätigte er sich gewerblich, auch wenn er die Handlung nur aus Liebhaberei vornahm. Anders wäre die Sache zu beurteilen gewesen, wenn es sich um eine Ersetzung des Fahrers im Notfall oder nur um einen vorübergehenden Versuch des eigenen Könnens gehandelt hätte. Das Reichsgericht prüft auch die Frage, ob der Strafantrag rechtzeitig gestellt war. Die Verletzungen hatten zunächst geringfügig hergesehen; erst später war die Gefahr einer Störung des Nervensystems zutage getreten. Die Frage, wann der Berechtigte den Strafantrag rechtswirksam stellen kann, ist zu unterscheiden von der, wann er ihn zur Vermeidung des Verlustes seines Rechtes stellen muß. Die Frist tritt in Lauf mit Kenntnis der strafbaren Handlung. Diese Kenntnis erfordert nicht eine Gewißheit über alle Einzelheiten der Handlung, wohl aber, daß der zum Antrag Berechtigte alle Tatsachen erfährt, die den objektiven und subjektiven Tatbestand der Handlung als einer strafbaren darstellen und die Verletzung seiner Person kennzeichnen. Folgerichtig wird deshalb bei fortgesetzten Straftaten der Fristlauf erst von der Kenntnis des letzten strafbaren Teilaktes an berechnet. Zu beachten ist ferner, daß bei Erfolgsdelikten der Erfolg zum gesetzlichen Tatbestand der Handlung gehört. Die fahrlässige Körperverletzung umfaßt sowohl die körperliche Mißhandlung wie die Gesundheitsschädigung. Der Sturz des Nebenklägers stellte nur den grundlegenden (kausalen) Vorgang dar; ergaben sich daraus mehrere Folgen (Mißhandlung und Gesundheitsschädigung) so gehörten alle zum wesentlichen Bestandteil der Straftat. Solange der Verletzte nur die unbeachtliche Mißhandlung kannte, nicht aber die schwere Gesundheitsschädigung, besaß er nicht jene Kenntnis von der Straftat und der durch sie bewirkten Rechtsgutverletzung, die ihn zu selbständiger Beurteilung und Entschlußfassung über die Ausübung des Antragsrechts befähigten; es kannte die strafbare Handlung nur zu einem geringfügigen Teil, vor allem nicht die ausschlaggebende Tatsache seiner Verletzung. Die entgegengesetzte Auffassung würde dazu führen, daß bei Unfällen, bei denen der Verletzte scheinbar mit einer geringfügigen Schmerzzufügung davongekommen ist, der Strafantrag schon auf die Befürchtung des späteren Zutagetretens schädigender Folgen hin sofort gestellt werden müßte. Diese Auffassung wird dem Sinne des Gesetzes nicht gerecht. (III, 12. Mai 1927.) Amtl. Sammlg. S. 299—304. Vgl. Bd. 6 S. 47; Bd. 9 S. 390; Bd. 10 S. 141; Bd. 18 S. 204; Bd. 34 S. 65; Bd. 40 S. 319.

89. **Vereinsregister. Beweiskraft. Falschbeurkundung.** (StGB. § 271; BGB. § 64.) Ein Verein wurde auf Grund formgerechter Anmeldung in das Vereinsregister eingetragen; in Wirklichkeit hatte es sich um eine Scheingründung gehandelt. Die Verurteilung wegen Erwirkung einer Falschbeurkundung wurde vom Reichsgericht nicht bestätigt. Öffentliche Bücher und Register sind dazu bestimmt, für und gegen jedermann Beweis zu erbringen. Das Vereinsregister genießt nur beschränkten öffentlichen Glauben. Es besteht keine Vorschrift, daß der Inhalt des Vereinsregisters zugunsten eines Dritten solange als richtig gilt, als er die Unrichtigkeit nicht kennt. Er kann sich daher auch im Allgemeinen nicht darauf verlassen, daß die Personen, die als Mitglieder des Vorstands in das Vereinsregister eingetragen sind, tatsächlich den Vorstand bilden; vielmehr entscheidet die wirkliche Rechtslage. Die Eintragung eines Vereins stellt nicht die Tatsache der Vereinsgründung beweiskräftig fest, sondern nur die Anmeldung. Da eine solche erfolgt war, hatte der Angeklagte keine Falscheintragung erwirkt. Auf den Sachinhalt der Erklärung erstreckte sich die Beweiskraft der Eintragung nicht. (III, 23. Mai 1927.) Amtl. Sammlg. S. 304—305. Vgl. Bd. 46 S. 290; Bd. 60 S. 230.

90. **Waffenverordnung. Windbüchsen.** (WaffVO. § 1.) Windbüchsen, deren Geschosse nicht durch Explosionen, sondern nur durch eingepreßte Luft angetrieben werden,

fallen nicht unter die Waffenverordnung. Sie können allerdings bei Straßenkämpfen und im Nahkampf gefährlich werden; aber der Gedanke, sie als Schußwaffen anzusehen, liegt nach allgemeinem Sprachgebrauch so ferne, daß es einer besonderen Hervorhebung bedurft hätte, wenn sie unter diesen Begriff hätten genommen werden sollen. Nur Feuerwaffen sind darunter zu verstehen. (III, 30. Mai 1927.) Amtl. Sammlg. S. 305—306.

Vgl. Bd. 57 S. 329; Bd. 60 S. 266.

91. **Hilfsgeschworene. Ergänzungsgeschworene.** (GVG. §§ 49, 84, 86, 192.) Für eine Schwurgerichtssache ordnete der Vorsitzende die Zuziehung eines Ergänzungsgeschworenen aus der Zahl der Hilfsgeschworenen an. Vor Beginn der Verhandlung fiel ein Hauptgeschworener weg; der Ergänzungsgeschworene wurde nun in seiner Eigenschaft als Hilfsgeschworener einberufen. Das war gesetzmäßig; das Verlangen des Verteidigers, daß ein neuer Hilfsgeschworener einberufen werde, war unberechtigt. Dem Vorsitzenden stand es jederzeit frei, seine Anordnung über Zuziehung eines Ergänzungsgeschworenen zurückzunehmen; das brauchte nicht ausdrücklich zu geschehen. Nachdem die Anordnung zurückgenommen war, wurde der Ergänzungsgeschworene als solcher frei und war nun der Hilfsgeschworene, der nach der Reihenfolge in das Schwurgericht einzutreten hatte. (III, 30. Mai 1927.) Amtl. Sammlg. S. 307—308.

92. **Republikschutz. Beschimpfung der Reichsfarben.** (RepSchG. § 8.) In einem Vortrag wurden die Reichsfarben als Überläuferfarben bezeichnet, mit denen die Front gemeuchelt wurde. Der Vortrag wurde in einer Zeitung wiedergegeben. Der verantwortliche Schriftleiter wurde wegen Beschimpfung der Reichsfarben verurteilt. Seine Revision wurde verworfen. Der Angeklagte hatte sich nicht auf die Wiedergabe des Vortrags beschränkt, sondern diesen als ironischen Seitenhieb benützt, also sich zu eigen gemacht. Daraus ergab sich seine Verantwortlichkeit für die Äußerungen. Als Beschimpfung ist jede durch ihre Form oder ihren Inhalt besonders verletzende rohe Äußerung der Mißachtung anzusehen; eine förmliche Beleidigung ist für den Tatbestand nicht erforderlich. (III, 30. Mai 1927.) Amtl. Sammlg. S. 308.

Vgl. Bd. 57 S. 209; Bd. 59 S. 181.

93. **Zwang.** (StGB. § 52.) Bei einem Streit zwischen einem Vater und seinen Kindern gebrauchte der Vater Drohungen; darauf wurde er von den Kindern überfallen und mißhandelt. Das Schwurgericht erkannte auf Freisprechung, weil die Angeklagten zu der Handlung durch die Drohungen genötigt worden seien. Das Reichsgericht hob das Urteil auf. Eine Nötigung im Sinne dieser Vorschrift liegt nicht vor, wenn der Täter durch Drohungen des Verletzten gegen diesen gereizt und dadurch zu der Tat hingerissen wird; vielmehr wird eine Einwirkung verlangt, die den Täter zu der Tat nötigen will. Der Drohende muß, einerlei, was er innerlich will und bezweckt, dem Anderen das Ansinnen stellen, bei Vermeidung des angekündigten Übels eine strafbare Handlung zu begehen; der Täter muß sich dem Druck eines die Begehung der Tat von ihm fordernden fremden Willens beugen. Davon konnte hier keine Rede sein. (II, 30. Mai 1927.) Amtl. Sammlg. S. 309.

94. **Meineid. Strafermäßigung. Nötigungsversuch. Rücktritt. Verbotene Eigenmacht.** ((StGB. §§ 43, 46, 153, 154, 157, 240; BGB. §§ 858, 859.) In der Werkstätte eines Handwerkers erschien ein Gläubiger, um ihm verschiedene Gegenstände wegzunehmen. Der Handwerker ergriff eine Hacke und holte damit zum Schlage aus; als ihn sein Gegner zurückstieß, stellte er die Hacke weg und setzte der Wegschaffung der Sachen keinen Widerstand entgegen. Gegen den Gläubiger wurde ein Strafverfahren wegen Nötigung eingeleitet; in diesem beschwor der Handwerker in zwei Terminen, er habe erst nach der Hacke gegriffen, als ihm sein Gegner einen Stoß vor die Brust versetzt habe; im zweiten Termin sagte er außerdem auf Eid wissentlich unwahr aus, der Gläubiger habe ihm keine Belege für seine Forderung vorgezeigt. Er wurde wegen eines fortgesetzten Verbrechens des Meineids zu einer Zuchthausstrafe von einem Jahr verurteilt; eine Ermäßigung der Strafe wurde ihm versagt. Seine Revision hatte keinen Erfolg. Nicht bedenkenfrei war allerdings die Annahme des Schwurgerichts, daß die Angabe der Wahrheit über die Vorgänge bei der Wegschaffung der Sachen dem Angeklagten eine Verfolgung wegen versuchter Nötigung nicht zuziehen konnte. Wohl traf zu, daß der Gläubiger sich

durch die Wegschaffung der Sachen einer verbotenen Eigenmacht schuldig machte und daß der Angeklagte sich dagegen mit Gewalt wehren durfte; wenn aber der Angeklagte das Vorgehen des Gläubigers für berechtigt und seinen Hinderungsversuch für eine widerrechtliche Nötigung zu einer Unterlassung hielt, war eine Bestrafung wegen versuchter Nötigung möglich. Unter Umständen kam freilich Rücktritt vom Versuch in Frage. Der Angeklagte hatte aber auch über die Vorzeigung der Belege für die Forderung wissentlich unwahr ausgesagt; diese Aussage war mit der anderen unwahren Aussage zu einer Einheit verbunden. Demgemäß konnte auch die Frage, ob dem Angeklagten eine Strafermäßigung zuzubilligen war, nur einheitlich entschieden werden. Ob sie zu bejahen oder zu verneinen war, hing davon ab, in welchem Verhältnis die Aussagen zueinander standen. Die Strafermäßigung hätte nicht versagt werden dürfen, wenn die Aussage über die Belege in einem derartigen Zusammenhang mit der Aussage über das Vorgehen mit der Hacke stand, daß die Angabe der Wahrheit über den ersten Punkt auch ihrerseits etwa die drohende Verfolgung des Angeklagten wegen Nötigungsversuchs hätte fördern können. Dieser Zusammenhang lag aber nicht vor. Wäre die Aussage über die Belege allein zur Aburteilung gestanden, so hätte eine Strafermäßigung nicht in Frage kommen können; wenn der Angeklagte auch noch weitere falsche Aussagen machte, konnte ihm das nicht zu einer solchen Ermäßigung helfen. Nur bei der Bemessung der Strafe konnte der Umstand, daß hinsichtlich der anderen Aussage eine solche Ermäßigung möglich gewesen wäre, berücksichtigt werden. (I, 31. Mai 1927.) Amtl. Sammlg. S. 310—313.
Vgl. Bd. 1 S. 423; Bd. 27 S. 369; Bd. 43 S. 219; Bd. 59 S. 61.

95. **Unerlaubte Einfuhr. Versuch.** (StGB. § 44; VZG. § 134; EinfVO. 1924.) Die Einfuhrverordnung von 1924 erklärt die vorsätzliche Einfuhr von Waren ohne die vorgesehene Bewilligung für strafbar nach den Vorschriften über Konterbande und bezeichnet den Versuch als strafbar. Konterbande ist das Unternehmen einer verbotenen Einfuhr, also auch der Versuch. Die Strafe ist sowohl für die vollendete wie auch für die versuchte

Einfuhr die gleiche; die Milderungen, die das Strafgesetzbuch für den Versuch vorsieht, greifen nicht Platz. Anders war die Rechtslage unter der Herrschaft der Einfuhrverordnung 1920; diese bedrohte die unerlaubte Einfuhr mit einer Gefängnisstrafe nicht unter einem Monat und erklärte den Versuch für strafbar; dieser war nach den Vorschriften des Strafgesetzbuchs zu behandeln. (III, 2. Juni 1927.) Amtl. Sammlg. S. 313—314.
Vgl. Bd. 56 S. 42, 74; Bd. 60 S. 123.

96. **Gläubigerbegünstigung. Beihilfe. Notwendige Teilnahme. Gegenstand der Urteilsfindung. Identität.** (KO. § 241; StPO. §§ 264, 266.) Ein Kaufmann, der in Zahlungsschwierigkeiten geraten war, übereignete einem seiner Gläubiger sein ganzes Warenlager. Als dieses von anderen Gläubigern gepfändet wurde, erhob der erste Gläubiger Widerspruchsklage. Nachdem der Konkurs ausgebrochen war, wurde der Gemeinschuldner wegen Gläubigerbegünstigung und der erste Gläubiger wegen Beihilfe angeklagt. Das Landgericht sprach den Gläubiger frei. Das Reichsgericht verwies die Sache zurück. Da der Gläubiger auf die Übereignung des Warenlagers keinen Anspruch hatte, lag Gläubigerbegünstigung vor; es fragte sich nur, ob eine Beihilfe des begünstigten Gläubigers an dieser Tat möglich war. Auf die Strafvorschriften der Konkursordnung finden die allgemeinen Vorschriften des Strafgesetzbuchs Anwendung, soferne sich aus der Sonderregelung nichts Gegenteiliges ergibt. Bei der Gläubigerbegünstigung ist der Gläubiger notwendig beteiligt; insoweit muß er straflos bleiben. Das trifft zu, wenn er sich auf die Annahme der vom Schuldner freiwillig angebotenen Befriedigung oder Sicherheit beschränkt. Soweit er darüber hinaus tätig wird, kann er wegen Anstiftung wie auch wegen Beihilfe bestraft werden. In Frage kam auch, ob der Gläubiger sich durch die Erhebung der Widerspruchsklage eines Betrugsversuchs schuldig machte und ob diese Tat im gleichen Verfahren abgeurteilt werden konnte. Zu der Beihilfe zur Gläubigerbegünstigung stand sie nicht im Verhältnis der Tateinheit, sondern der Tatmehrheit. Das hinderte aber die Aburteilung der Tat im vorliegenden Verfahren nicht. In der Anklage, die zum Verständnis des Eröff-

nungsbeschlusses heranzuziehen war, wurde nicht nur der Übereignungsvertrag angeführt, sondern auch die Widerspruchsklage. Damit lag Identität der Tat vor. Diese umfaßt den vom Eröffnungsbeschluß betroffenen Vorgang einschließlich aller damit zusammenhängenden oder darauf bezüglichen Vorkommnisse und tatsächlichen Umstände, die geeignet sind, das in diesen Bereich fallende Tun des Angeklagten unter irgend einem rechtlichen Gesichtspunkt als strafbar erscheinen zu lassen. Dieser verfahrensrechtliche Begriff der Tat hat mit dem sachlich-rechtlichen der Handlung im Sinne des § 74 StGB. nichts gemein. (III, 2. Juni 1927.)

Amtl. Sammlg. S. 314—317.

Vgl. Bd. 2 S. 439; Bd. 5 S. 275, 435; Bd. 12 S. 187; Bd. 15 S. 9; Bd. 18 S. 273; Bd. 20 S. 214; Bd. 24 S. 370; Bd. 25 S. 369; Bd. 29 S. 304; Bd. 39 S. 134; Bd. 48 S. 19; Bd. 56 S. 324, 329; Bd. 60 S. 241.

97. **Worterteilung an den Angeklagten.** (StPO. § 258.) Am Schluß der Berufungsverhandlung beantragte der Angeklagte seine Freisprechung, während der Staatsanwalt die Herabsetzung der Strafe anheimgab. Der Vorsitzende gab dem Angeklagten durch eine Handbewegung zu erkennen, daß er erwidern könne; dieser sagte nichts. Das Urteil wurde aufgehoben. Es bestand keine Gewähr dafür, daß der Angeklagte das letzte Wort hatte. Die Worterteilung muß in einer alle Mißverständnisse ausschließenden Weise erfolgen; entweder ausdrücklich durch Worte oder durch Handlungen, deren Bedeutung allgemein und dem Angeklagten im Besonderen erkennbar ist. Eine dagegen verstoßende Verfahrensweise würde nur dann keinen Mangel begründen, wenn der Angeklagte auch ohne Worterteilung oder trotz der Unklarkeit einer solchen das Wort ergriffen hätte. Ein bloß schweigendes Verhalten bietet keine Gewähr dafür, daß er wirklich auf das letzte Wort verzichten wollte. (I, 3. Juli 1927.) Amtl. Sammlg. S. 317—318.

98. **Fahrlässige Tötung. Ursächlicher Zusammenhang. Fahrlässigkeit.** (StGB. § 222.) Beim Brand des Lagerhauses einer Fabrik kam eine Familie um ihr Leben, die in einer Dachwohnung des Hauses untergebracht war; der Einbau der Wohnung war polizeilich

nicht genehmigt und hätte wegen der bestehenden Feuergefährlichkeit nicht genehmigt werden können. Die Inhaber der Fabrik wurden wegen fahrlässiger Tötung verurteilt; ihre Revision wurde verworfen. Ihr Verhalten war als eine Ursache des rechtswidrigen Erfolgs anzusehen. Eine Ursache hört nicht deshalb auf, eine solche zu sein, weil außer ihr noch andere Ursachen mehr oder weniger zur Herbeiführung des Erfolgs beigetragen haben. Eine Unterbrechung des ursächlichen Zusammenhangs war auch nicht dadurch eingetreten, daß die verunglückte Familie trotz der erkannten Gefahr in dem Haus wohnen blieb. Selbst wenn der Brand vorsätzlich gelegt worden wäre und der Täter dabei mit dem Vorsatz der Tötung von Menschen gehandelt hätte, würde der von den Angeklagten in Gang gesetzte Ursachenverlauf durch diese Handlung nicht unterbrochen worden sein; denn auch in diesem Fall wirkte die von ihnen gesetzte Ursache zu dem Eintritt des rechtswidrigen Erfolges mit. Die Anwendung dieser weitgehenden Ursachenbegriffe auf strafrechtliche Tatbestände findet ihren Ausgleich in dem subjektiven Erfordernis der Vorhersehbarkeit des Erfolges. Der von einem Angeklagten mitverursachte rechtswidrige Erfolg kann ihm als durch Fahrlässigkeit verursacht nur zugerechnet werden, wenn feststeht, daß er die Sorgfalt, zu der er nach den Umständen und nach seinen persönlichen Kenntnissen und Fähigkeiten verpflichtet und imstande war, außer acht gelassen und infolgedessen den notwendigen Erfolg, den er bei Anwendung der pflichtgemäßen Sorgfalt hätte vorhersehen können, nicht vorhergesehen oder den Eintritt des Erfolgs zwar für möglich gehalten, aber darauf vertraut hat, daß er nicht eintreten werde. Daß das den rechtswidrigen Erfolg verursachende Verhalten des Angeklagten nach irgendeiner Richtung schuldhaft ist, insbesondere gegen eine polizeiliche Vorschrift verstößt, genügt nicht; es ist vielmehr erforderlich, daß er bei Anwendung pflichtgemäßer Sorgfalt den eingetretenen Erfolg als mögliche Folge seines Verhaltens hätte voraussehen können und von diesem Gesichtspunkt aus ein anderes Verhalten hätte beobachten sollen. Für die Beurteilung der Vorhersehbarkeit ist es dann von Bedeutung, wenn der eingetretene rechtswidrige Erfolg durch eine von einem Dritten gesetzte Zwischenursache herbeigeführt worden ist, für die der Angeklagte nicht verantwortlich gemacht werden kann. Wäre der Erfolg ohne die Verschuldung eines Dritten nicht eingetreten und lag die Möglichkeit eines solchen Zutritts so ferne, daß dem Täter die Nichtberücksichtigung dieser Möglichkeit nicht als Verschulden angerechnet werden konnte, dann war eine Verursachung des Erfolgs durch Fahrlässigkeit des Täters nicht anzunehmen. Es kommt allerdings nicht auf die Vorhersehbarkeit aller Einzelheiten des Ursachenverlaufs an, wohl aber müssen auch die unbekannten Einzelheiten sich innerhalb des Rahmens der gewöhnlichen Erfahrung halten. Nach den Feststellungen des Urteils mußten die Angeklagten bei pflichtmäßiger Überlegung bei den ihnen bekannten besonderen Zuständen an und in dem Lagerhaus sich sagen und damit rechnen, daß ein Brand aus dieser oder jener Ursache sehr leicht eintreten könne, daß insbesondere auch die Möglichkeit einer vorsätzlichen oder fahrlässigen Inbrandsetzung des Gebäudes keineswegs fernelag, da der Zugang zum Erdgeschoß nicht verschließbar und nicht bewacht war, und daß im Falle eines Brandes die Bewohner der Dachwohnung sich nicht retten konnten. Ein solches Maß von Vorhersehbarkeit reichte für die Annahme einer Fahrlässigkeit aus. Das Verschulden der Angeklagten, das darin bestand, daß sie die baupolizeilich nicht genehmigte und, wie sie wußten, in hohem Maße feuergefährliche Dachwohnung trotz der von ihnen erkannten nahen Möglichkeit eines Brandes beziehen ließen, wirkte solange fort, als sie den gefahrdrohenden Zustand nicht beseitigt hatten. Sie konnten sich nicht damit entschuldigen, daß dieser Zustand ursprünglich nur als vorübergehend gedacht war und daß ihnen später die Mittel zu seiner Beseitigung fehlten, ebensowenig damit, daß die verunglückte Familie selbst die Gefahr des Wohnens in dem Haus übernommen habe und daß eine andere Wohnung für sie nicht verfügbar war; in letzter Hinsicht war übrigens nicht erwiesen, daß Versuche gemacht worden waren, die Familie anderwärts unterzubringen. (I, 14. Juni 1927.) Amtl. Sammlg. S. 318—322.

Vgl. Bd. 29 S. 218; Bd. 34 S. 91; Bd. 54 S. 349; Bd. 56 S. 343; Bd. 57 S. 172.

99. Berufungsbeschränkung. Wechsel der Gesetzgebung. Mildestes Strafgesetz. Abtreibung. (StGB. §§ 2, 218.) Eine Frau wurde wegen versuchter Abtreibung zu einer Gefängnisstrafe von $1^1/_2$ Jahren verurteilt; das Schöffengericht hatte die alte Fassung der Vorschrift als das mildere Strafgesetz zugrunde gelegt. Das Landgericht verwarf die auf das Strafmaß beschränkte Berufung der Angeklagten mit der Begründung, daß sie nach der neuen Fassung der Vorschrift sich einer gewerbsmäßig versuchten Abtreibung schuldig gemacht habe. Die Sache wurde zurückverwiesen. Die Beschränkung eines Rechtsmittels auf das Strafmaß hat für die Regel die Wirkung, daß damit der Schuldspruch des angefochtenen Urteils rechtskräftig wird. Immerhin sind Ausnahmen möglich. Eine solche liegt namentlich dann vor, wenn zwischen der Begehung der Tat und ihrer Aburteilung das Strafgesetz geändert worden ist und demgemäß eine Verurteilung nur erfolgen kann, wenn das Vorliegen einer strafbaren Handlung, also die Schuldfrage, sowohl nach dem alten wie nach dem neuen Recht zu bejahen ist. Nach Bejahung dieser Frage bleibt weiterhin zu entscheiden, welches der beiden Strafgesetze als das mildeste anzuwenden, also einheitlich und ausschließlich der Verurteilung sowohl im Schuldspruch als auch bei der Strafzumessung zugrundezulegen ist. Als das mildeste Gesetz ist jenes anzusehen, das im gegebenen Fall nach dessen besonderer Sachlage die mildeste Bestrafung zuläßt. Häufig ergibt sich das anzuwendende Gesetz ohne weiteres aus der Vergleichung des Strafrahmens beider Gesetze; wenn aber die Strafrahmen sich überschneiden, was besonders zutreffen kann, wenn in beiden Strafgesetzen oder in einem von ihnen bei Zubilligung mildernder Umstände ein besonderer Strafrahmen vorgesehen wird, kann die Entscheidung bedingt sein durch die Vorfrage, ob die Tatumstände die Zubilligung mildernder Umstände rechtfertigen. Ein Verhältnis dieser Art besteht zwischen der entgeltlichen Abtreibung nach § 219 StGB. a. F. und der gewerbsmäßigen Abtreibung nach § 218 Abs. 4 StGB n. F. In Fällen dieser Art bedarf es somit eines Eingehens auf die Gründe der Strafzumessung, um darüber entscheiden zu können, welches Gesetz als das mildeste anzuwenden ist. Auch hinsichtlich des Schuldspruchs kann alsdann die

Frage nach dem anzuwendenden Strafgesetz nicht vorab, vor jeder Erörterung der Strafzumessung, sondern nur in Verbindung mit ihr, insbesondere auf Grund einer sich wenigstens über den besonderen Strafrahmen oder über die besondere Straftat schlüssig machenden Befassung mit der Strafzumessung beantwortet werden. Bei solcher Untrennbarkeit des Schuldspruchs von der Strafzumessung ist eine Beschränkung des Rechtsmittels auf das Strafmaß naturgemäß ausgeschlossen und wirkungslos. So war die Lage hier. Wurden mildernde Umstände versagt, so war das alte Recht das mildere, weil nach ihm auf drei Monate bis zu 4 Jahren 11 Monaten Zuchthaus, nach neuem Recht aber auf 3 Monate bis zu 14 Jahren 11 Monaten Zuchthaus erkannt werden konnte; wurden dagegen mildernde Umstände zugelassen, so war das neue Recht das mildere, weil nach ihm die geringste Strafe $3/4$ Monate Gefängnis betrug, nach altem Recht dagegen $1\frac{1}{2}$ Monate. Es bedurfte also einer Vorentscheidung über die Zulassung mildernder Umstände, um ermessen zu können, welches Recht, auch im Schuldspruch, anzuwenden sei. Wegen dieser Untrennbarkeit des Schuldspruchs vom Strafausspruch konnte daher die Berufung nicht auf den Strafausspruch beschränkt werden; die Verurteilung der Angeklagten hatte als uneingeschränkt angefochten zu gelten. Das Urteil des Schöffengerichts wurde aufgehoben und die Sache an das Schwurgericht verwiesen; dieses hatte darüber zu entscheiden, ob die Angeklagte sich der gewerbsmäßig versuchten Abtreibung schuldig gemacht hatte. (II, 2. Juni 1927.)

Amtl. Sammlg. S. 322—326.

Vgl. Bd. 55 S. 199; Bd. 58 S. 238; Bd. 59 S. 90, 97; Bd. 60 S. 123, 362; Bd. 61 S. 76, 130, 147, 150.

100. Raumwucher. Sondervergünstigungen. Wechsel der Gesetzgebung. Mildestes Strafgesetz. Irrtum. Abstandssumme. (PreistrVO. § 4; MSchG. § 49a; IrrtVO. von 1927.) Ein Angestellter einer Grundstückverwertungsgesellschaft ließ sich von dem Mieter eines dieser Gesellschaft gehörigen Hauses Ende 1926 dafür, daß die Gesellschaft eine von ihm beabsichtigte tauschweise Abtretung der Wohnung genehmige, eine Abstandssumme von 25 Reichsmark zahlen. Er wurde wegen Raumwuchers auf Grund der Preistreibereiverordnung verurteilt. Seine Revision führte zur Zurückverweisung der Sache. Das Berufungsurteil war am 30. Oktober 1926 erlassen worden. Seit dieser Zeit war eine wesentliche Änderung der Gesetzgebung eingetreten. Durch das Gesetz vom 29. Juni 1926 sind in das Mieterschutzgesetz mit Wirkung vom 1. Juli 1926 die §§ 49a und 49b über den Raumwucher eingefügt worden; die Preistreibereiverordnung ist auf Grund des Gesetzes vom 19. Juli 1926 am 24. Juli 1926 außer Kraft getreten. Da bei ihrer Aufhebung der § 2 StGB. ausdrücklich für anwendbar erklärt wurde, können Verstöße gegen die Strafandrohungen der Preistreibereiverordnung, auch wenn sie vorher begangen worden sind, nach dem 23. Juli 1926 nur dann bestraft werden, wenn sie zur Zeit der Aburteilung mit Strafe bedroht waren. Das Berufungsgericht hatte angenommen, daß die Handlung des Angeklagten nicht nur gegen die Preistreibereiverordnung, sondern auch gegen das Mieterschutzgesetz verstoßen habe. Hiegegen wendete sich die Revision. Das Reichsgericht stellte zunächst fest, daß die Vorschriften des Mieterschutzgesetzes an die Stelle jener Preistreibereiverordnung getreten sind; beide Gesetze sollten nicht nebeneinander gelten. Die Änderung der gesetzlichen Bestimmungen über den Raumwucher ist nicht auf eine Änderung der Verhältnisse, sondern auf eine Änderung der Rechtsanschauungen zurückzuführen. Wenn sich auch die Tatbestände der beiden Gesetze nicht in allen Teilen decken, können sie doch im einzelnen Fall durch dieselbe Tat verwirklicht worden sein. Ist diese Voraussetzung gegeben, ist also die Tat sowohl durch die alte wie durch die neue Gesetzgebung unter Strafe gestellt, so ist das mildere Gesetz zur Anwendung zu bringen. Darüber, daß es sich bei der Genehmigung des Tausches um eine Leistung zur Befriedigung des täglichen Bedarfs handle, bestand kein Streit. Das Berufungsgericht hatte angenommen, die Mietpreise seien mindestens seit Anfang 1926 derart bestimmt gewesen, daß sie eine angemessene Vergütung für die Überlassung der Räume darstellten; neben dieser Vergütung sei kein Raum für das Verlangen einer besonderen Vergütung für eine Tauschgenehmigung geblieben, da diese nicht mehr Arbeit machte als ein neuer Mietvertrag ohne Tausch. Hiegegen äußerte das Reichsgericht

Bedenken. Jeder Umzug verursacht dem Hausbesitzer besondere Aufwendungen. Andere Umzüge als solche infolge Tausches sind infolge der Mieterschutzgebung äußerst selten und werden bei der Berechnung des Mietpreises, auch wenn er vereinbart ist, in sehr geringem Maße eingerechnet. Wenn auch im gegebenen Fall die Tauschparteien vereinbart hatten, gegenseitig die Wohnungen in Stand zu setzen, wurde hiedurch doch nicht ausgeschlossen, daß sie durch die Kosten des Umzugs und der Wiederherstellungsarbeiten in ihrer wirtschaftlichen Kraft geschwächt waren und doch noch mit Anforderungen an die Vermieter herantraten, denen entgegenzukommen diese zwar nicht rechtlich, aber doch tatsächlich gezwungen waren. Ob ein solcher Aufwand durch die Mietpreise aufgewogen wird, ist Tatfrage. Wenn solche Aufwendungen neben den anderen dem Vermieter gesetzlich obliegenden Lasten eine solche Höhe erreichen, daß ihm ein Verdienst überhaupt nicht mehr bleibt, verliert ein zur Deckung solcher Aufwendungen gewährter Betrag den Charakter eines übermäßigen Verdienstes im Sinne der Preistreibereiverordnung. Freilich muß beachtet werden, daß die Bewirtschaftung eines Hauses dann noch nicht als verlustbringend angesehen werden darf, wenn sich größere Ausgaben in einem Rechnungsabschnitt häufen und dadurch die Einnahmen dieses Rechnungsabschnitts zu ihrer Deckung nicht ausreichen, während in den vorangegangenen oder nachfolgenden Rechnungsabschnitten ein genügender Überschuß erzielt worden oder zu erwarten ist; auch dürfen die mit dem Hausbesitz verbundenen künftigen Gewinnaussichten bei der Beurteilung dessen, was als angemessener Verdienst anzusehen ist, nicht unberücksichtigt bleiben. Schließlich darf der Hausbesitzer einen etwaigen Verlust auch nicht dem einzelnen Mieter in unangemessener Weise aufbürden, er muß ihn vielmehr unter sämtliche Mieter, wenn auch unter Berücksichtigung der in etwaigen Ausfällen liegenden Gefahr, nach Möglichkeit verteilen. Hienach besteht grundsätzlich kein Bedenken, wenn der Vermieter, um bei den durch die Zwangsbewirtschaftung der Wohnungen geschaffenen Schwierigkeiten zu einer Erhöhung der laufenden Mietpreise zu gelangen, in einzelnen geeigneten Fällen Sondervergütungen beansprucht. Hiezu können auch die Fälle gehören, in denen einzelne Mieter Abänderungen ihrer Mietverträge, insbesondere Abtretungen ihrer Mietrechte an dritte Personen, beabsichtigen und wegen der Genehmigung an den Vermieter herantreten. Allerdings wird in solchen Fällen ganz besonders zu beachten sein, daß die Höhe der dem einzelnen Mieter abverlangten Sondervergütung in einem angemessenen Verhältnis zu der durch Überlassung der Wohnung an ihn gewährten Leistung steht. Will der Vermieter eine Abstandssumme allein für die Genehmigung zur Änderung des Mietvertrags, also lediglich für die Abgabe einer Willenserklärung fordern, ohne daß er damit irgendwelche sonstige, ihm aus dem Mietverhältnis zustehende Ansprüche verliert, so würde die Abstandssumme von der Frage, ob der Vermieter auch ohne sie einen angemessenen Verdienst aus den Erträgnissen des Hauses zieht, losgelöst werden. Weil ihr dann keine andere Gegenleistung gegenüberstünde, als allein die zu einer Sonderzahlung nicht berechtigende Willenserklärung, würde sie sich als ein übermäßiger Verdienst im Sinne der Preistreibereiverordnung darstellen. Die neuen Vorschriften sind nicht mehr auf eine Vergütung abgestellt, die unter Berücksichtigung der gesamten Verhältnisse einen übermäßigen Verdienst enthält, sondern auf eine Vergütung, die unter Berücksichtigung der Gesamtverhältnisse als angemessen anzusehen ist. In der Regel kann die gesetzliche Miete als ein ausreichendes Entgelt für die Gewährung der vermieteten Räume angesehen werden; immerhin ist zu prüfen, ob nicht nach den Verhältnissen des einzelnen Falles eine Ausnahme von der Regel vorliegt. Da Sachlagen möglich sind, in denen eine Vergütung als unangemessen erscheint, obwohl sie keinen übermäßigen Verdienst im Sinne der Preistreibereiverordnung enthält, ja vielleicht nicht einmal den Aufwand des Vermieters deckt, so wird eine Anzahl von ungünstigen Umständen, die im Einzelfall einen Verdienst des Hausbesitzers unmöglich gemacht oder geschmälert hat, unter dem neuen Gesetz nicht mehr berücksichtigt werden dürfen. Bei der Beurteilung des inneren Tatbestandes muß weiter beachtet werden, daß die Vorschriften der Irrtumsverordnung von 1917 zwar auf die Vorschriften der Preistreibereiverordnung, nicht aber auf jene des Mieterschutzgesetzes Anwendung finden; das ist auch für die Entscheidung, welches Gesetz als das mildere anzusehen ist, von Bedeutung. (II, 13. Juni 1927.)

Amtl. Sammlg. S. 326—334.

Vgl. Bd. 61 S. 130.

101. **Amtlich zugängliche Urkunde.** (StGB. § 348.) Ein Polizeibeamter nahm aus der verschlossenen Schublade eines anderen Beamten, der mit ihm das gleiche Amtszimmer teilte, eine Urkunde weg. Er wurde wegen Beiseiteschaffung einer ihm amtlich zugänglichen Urkunde verurteilt. Seine Revision führte zur Zurückverweisung. Die Urkunde war ihm amtlich zugänglich, wenn er sie ohne weiteres an sich nehmen konnte. Das galt auch dann, wenn er mit ihr nichts zu tun hatte, vielmehr die Dienstpflicht ihm gebot, sie nicht zur Kenntnis zu nehmen und die Hand von ihr zu lassen. Ohne entscheidende Bedeutung war auch, daß die Urkunde sich in einer verschlossenen Tischschublade befand, vorausgesetzt, daß der Schlüssel im Schloß steckte oder dem Angeklagten frei zugänglich war; die Möglichkeit, unbehindert an den Schlüssel und mit ihm an den Inhalt der Tischschublade zu gelangen, erwuchs ihm auch dann im wesentlichen auf Grund seines Amtsverhältnisses und des ihm infolgedessen geschenkten Vertrauens, daß er sich trotz der ihm gegenüber ungesicherten Verwahrung des Schlüssels nicht an dem Schubladeninhalt vergreifen werde. Anders lag die Sache, wenn er die Schublade mit einem Nachschlüssel öffnete; dann beruhte die Möglichkeit, zur Urkunde zu gelangen, nicht auf dem ihm als Beamten geschenkten Vertrauen, auf Grund dessen ihm der Eintritt in das Dienstzimmer und das Verweilen darin gestattet war. Daß es ihm hiedurch erleichtert wurde, sich an dem Inhalt der verschlossenen Tischschublade zu vergreifen, machte ihm zwar die Urkunde weniger unzugänglich als anderen, aber noch nicht zugänglich. Für diese Fälle kamen die Vorschriften über Beseitigung amtlich verwahrter Urkunden (§ 133 StGB.) oder über Diebstahl (§ 243 StGB.) in Betracht. (II, 16. Juni 1927.) Amtl. Sammlg. S. 334—335.

102. **Depotgesetz. Kommissionär. Fremde Wertpapiere.** (HGB. § 384; DepG. § 9.) Eine Bank erwarb für einen Kunden Wertpapiere, sandte ihm aber kein Stückever-

zeichnis und machte ihn auch nicht auf andere Weise zum Eigentümer. Einer ihrer Teilhaber lombardierte sie für eigene Rechnung. Als die Bank in Konkurs geriet, konnte infolgedessen der Kunde die Herausgabe der von ihm schon bezahlten Papiere nicht erlangen. Der Teilhaber, der über die Papiere verfügt hatte, wurde wegen Verfehlung gegen das Depotgesetz verurteilt. Seine Revision wurde verworfen. Er hatte sich darauf berufen, daß die Papiere für ihn keine fremden Papiere gewesen seien. Das Reichsgericht entschied, daß es darauf nicht ankam. Das Gesetz ist allerdings als Gesetz über die Pflichten der Kaufleute bei Aufbewahrung fremder Wertpapiere bezeichnet; damit sollte aber nur der wesentliche Inhalt des Gesetzes angegeben werden, ohne ihn erschöpfend zu umschreiben. Wortlaut, Sinn und Zweck der maßgebenden Vorschriften lassen erkennen, daß sie auch auf alle Wertpapiere Anwendung finden, die der Kaufmann in Ausführung eines Kommissionsgeschäfts für seinen Auftraggeber in Besitz genommen hat. In diesem Augenblick gelangt der Anspruch des Auftraggebers auf Herausgabe der Wertpapiere zur Entstehung. Der Kommissionär ist daher, auch wenn die Papiere zunächst sein Eigentum geworden sind und nur er ihr Besitzer ist, nicht mehr befugt, nach Belieben darüber zu verfügen; er hat sie, vorbehaltlich seines Zurückbehaltungsrechts und der Möglichkeit, sich aus ihnen wie ein Pfandgläubiger für seine Forderungen aus dem Kommissionsgeschäft zu befriedigen, zur Verfügung des Kommittenten zu halten und ihm herauszugeben. Wenn er über die Papiere für eigene Zwecke verfügt, sie insbesondere verpfändet oder wiederveräußert, handelt er rechtswidrig. Das Gesetz wollte gerade mit Rücksicht auf die besonders bei der Ankaufkommission oft wenig durchsichtigen Eigentumsverhältnisse am Kommissionsgut eine wesentliche Erweiterung des bis dahin bestehenden strafrechtlichen Schutzes gegen mißbräuchliche Verfügungen des Kommissionärs über die für den Kommittenten angeschafften Wertpapiere herbeiführen und hat augenscheinlich aus diesem Grunde die Anwendung des § 9 nicht auf fremde Wertpapiere beschränkt, während an anderer Stelle (§§ 8, 11) nur fremde Wertpapiere in Schutz genommen werden. Der Angeklagte war in die

Bank erst eingetreten, nachdem die Papiere schon angeschafft worden waren. Er war gleichwohl als Kommissionär anzusehen, denn mit seinem Eintritt in das Bankgeschäft wurde er Dritten gegenüber zum persönlich haftenden Schuldner der schwebenden Verbindlichkeiten der offenen Handelsgesellschaft, der die Bank gehörte, so daß er bei der Führung ihrer Geschäfte für die Beachtung der ihm selbst aus dem jeweiligen Rechtsverhältnis obliegenden Pflichten verantwortlich war. (II, 16. Juni 1927.) Amtl. Sammlg. S. 336—341.

Vgl. Bd. 47 S. 38; Bd. 60 S. 171.

103. Untreue. Kommissionär. Börsengeschäfte. Gesetzeseinheit. (StGB. § 266; HGB. §§ 384, 392, 406; BörsG. § 95.) Ein Holzhändler wurde von einer Sparkasse beauftragt, Holz für diese in eigenem Namen zu verkaufen; den Kaufpreis sollte er nicht selbst einheben, sondern die Rechnungen über die Verkäufe der Sparkasse einreichen. Im Widerspruch mit dem Auftrag nahm er in mehreren Fällen den Kaufpreis in Empfang und verwendete ihn für sich. Er wurde wegen Untreue verurteilt. Das Reichsgericht änderte den Schuldspruch dahin ab, daß ein Vergehen gegen das Börsengesetz vorliege. Das Landgericht hatte angenommen, daß der Angeklagte über die Forderungen der Sparkasse verfügt habe, weil Forderungen aus einem Geschäft, das ein Kommissionär abgeschlossen hat, im Verhältnis zwischen ihm und dem Kommittenten als Forderungen des Kommittenten gelten, wenn sie dieser auch erst nach der Abtretung gegen den Schuldner geltend machen kann. Dem gegenüber hielt das Reichsgericht an der schon früher vertretenen Auffassung fest, daß solche Forderungen als solche des Kommissionärs anzusehen sind; es erklärte es für logisch unmöglich und rechtlich nicht konstruierbar, daß eine und dieselbe Forderung rechtlich und ihrer Substanz nach Bestandteil einmal des Vermögens des Kommissionärs und gleichzeitig, unter Ausschluß des Kommissionärs vom Gläubigerrecht, des Vermögens des Kommittenten sei. Eine andere Frage ist allerdings, ob solche Forderungen nicht als Vermögensstücke des Kommittenten angesehen werden können. Darauf brauchte aber nicht eingegangen zu werden, weil die Vorschrift über Untreue für Fälle der vorliegenden Art durch die

Sondervorschrift des § 95 BörsG. ausgeschaltet sind. Hiernach wird mit Strafe bedroht ein Kommissionär, welcher, um sich oder einem Dritten einen Vermögensvorteil zu verschaffen, bei der Ausführung eines Auftrags oder bei der Abwicklung eines Geschäfts absichtlich zum Nachteil des Kommittenten handelt. Diese Vorschrift findet auch auf kaufmännische Gelegenheitskommissionäre Anwendung. Zwischen ihr und der Vorschrift über Untreue besteht Gesetzeseinheit. Demgemäß war lediglich der Schuldausspruch zu berichtigen. (II, 20. Juni 1927.) Amtl. Sammlg. S. 341—346.
Vgl. Bd. 20 S. 358; Bd. 47 S. 38; Bd. 61 S. 65, 174; RGZ. Bd. 91 S. 14; Bd. 92 S. 238, 280; Bd. 102 S. 385.

104. **Raumwucher. Abstandssumme. Wechsel der Gesetzgebung. Mildestes Strafgesetz.** (PreistrVO. § 4; MSchG. § 49a; WohnMangG. §§ 6, 17; StGB. § 2.) Einem Beamten, der aus dem besetzten Gebiet hatte fliehen müssen, war im unbesetzten Gebiet eine Wohnung angewiesen worden. Seine Frau, die im besetzten Gebiet zurückgeblieben war, hatte dort wegen Überlassung der Mietwohnung an einen anderen Mieter Verhandlungen eingeleitet und von diesem ein Abstandsgeld von 700 Reichsmark verlangt. Sie wurde wegen Raumwuchers angeklagt, aber freigesprochen. Da die Tat unter der Herrschaft der Preistreibereiverordnung begangen war, diese aber inzwischen aufgehoben und hinsichtlich des Raumwuchers durch Vorschriften des Mieterschutzgesetzes ersetzt worden ist, konnte eine Verurteilung nur erfolgen, wenn die Tat sowohl den Tatbestand des einen wie des anderen Gesetzes erfüllte; die Bestimmungen des Mieterschutzgesetzes waren dann als das mildere Strafgesetz anzuwenden. Der festgestellte Sachverhalt wies das nicht aus. Trotz Verschiedenheit im einzelnen stimmen beide Strafvorschriften darin überein, daß sie sich gegen die sozialwucherische Ausbeutung eines allgemeinen wirtschaftlichen Notstands wenden. Die Ausbeutung findet das Gesetz darin, daß dem Vertragsgegner zugemutet wird, unter dem Druck jener Notlage für gewisse Leistungen Vergütungen zuzubilligen, die ihrem Betrag oder dem in ihnen enthaltenen Gewinn nach übermäßig sind. Als Leistung dieser Art kommt auch die rechtsge-

schäftliche Überlassung von Wohnräumen in Betracht, sei es, daß das Entgelt unmittelbar als Vergütung für die Überlassung gefordert, versprochen oder gewährt wird, sei es, daß es als eine mittelbar mit ihr zusammenhängende Vergütung erscheint. Des Raumwuchers in diesem Sinn kann sich nicht nur der Vermieter, sondern auch der bisherige Mieter oder Inhaber der Wohnung gegenüber seinem Nachfolger in der Nutzung schuldig machen, indem er die rechtsgeschäftliche Überlassung der Räume gegen unmittelbares oder mittelbares Entgelt anbietet. Das Angebot muß also das Aufgeben einer rechtlichen oder wirtschaftlichen Herrschaft über die Wohnung zugunsten des Nachfolgers zum Gegenstand haben. Anderseits kommt nicht bloß die Abtretung der Rechte aus dem eigenen Mietvertrag mit dem Vermieter in Betracht, sondern vor allem die freiwillige Aufgabe der aus der öffentlich-rechtlichen Regelung des Wohnungswesens erwachsenen geschützten Rechtstellung des Mieters gegen willkürliche Kündigung seitens des Vermieters. Ein Inhaber, der solche Ansprüche bezüglich der Wohnung nicht mehr besitzt, sondern verpflichtet ist, sie ohne weiteres zu räumen, ist nicht mehr in der Lage, sie einem Anderen in diesem Sinne zu überlassen, also eine Leistung anzubieten. Macht er gleichwohl ein solches Angebot, so irrt er entweder oder er täuscht; keinesfalls aber erfüllt er den Tatbestand des Raumwuchers, der, wie der Preiswucher, das Angebot einer objektiv möglichen, nicht bloß vorgetäuschten oder in der Vorstellung des Täters bestehenden Leistung voraussetzt. Die Angeklagte war sich bewußt, daß sie zur Räumung der Wohnung zugunsten der öffentlichen Hand verpflichtet war; sie war also überhaupt nicht in der Lage, für deren Überlassung eine Vergütung zu fordern. Bei dieser Sachlage schied Raumwucher aus. In Frage kam, ob sie sich eines Betrugs schuldig gemacht hatte. Nach den Feststellungen des landgerichtlichen Urteils war aber auch der neue Mieter über die Sachlage und Rechtslage unterrichtet; ihm handelte es sich nur darum, sich in den Besitz der Wohnung zu setzen, ehe über diese amtlich verfügt wurde. In diesem Fall verstieß das Verhalten der Angeklagten möglicherweise gegen das Wohnungsmangelgesetz, soferne an dem Ort der Wohnung Anordnungen

bestanden, wonach sie verpflichtet war, von dem Freiwerden der Wohnung der Behörde unmittelbar oder mittelbar durch den Vermieter Kenntnis zu geben. (III, 23. Juni 1927.) Amtl. Sammlg. S. 346—349.
Vgl. Bd. 56 S. 255; Bd. 61 S. 130.

105. Nebenkläger. Rechtsmittel. Tateinheit. (RAbgO. §§ 386, 387, 437; StPO. §§ 395, 401, 403.) Das Schöffengericht verurteilte wegen Diebstahls in Tateinheit mit der Hinterziehung von Branntweinmonopoleinnahmen. Das Landgericht hob die Verurteilung wegen Diebstahls auf. Das Hauptzollamt legte Revision ein. Hinsichtlich der Verurteilung wegen Monopolhinterziehung beschränkte es diese darauf, daß auch auf Werterſatz hätte erkannt werden müssen; außerdem bemängelte es die Aufhebung der Verurteilung wegen Diebstahls. Wenn die letztere Rüge zulässig war, hatte die Beschränkung der Anfechtung der Verurteilung wegen Monopolhinterziehung auf das Strafmaß keine Wirkung, da innerhalb der Schuldfrage bei tateinheitlichem Zusammentreffen mehrerer Verfehlungen eine Beschränkung des Rechtsmittels nicht zulässig ist; stand dagegen dem Hauptzollamt nicht das Recht zu, die Ablehnung der Verurteilung wegen Diebstahls zum Gegenstand eines Revisionsantrags zu machen, so waren die hierauf bezüglichen Ausführungen der Revision unbeachtlich und war nur die Frage der Verurteilung zum Wertersatz zu prüfen. Wenn die Monopolhinterziehung mit Diebstahl tateinheitlich zusammentraf, konnte das Hauptzollamt die öffentliche Klage auch wegen Monopolhinterziehung nicht selbst erheben, sondern sich nur der von der Staatsanwaltschaft erhobenen öffentlichen Klage anschließen. Wenn die Staatsanwaltschaft das Verfahren durch Einlegung eines Rechtsmittels weiter zu betreiben unterließ, konnte das Hauptzollamt unabhängig von ihr sich des Rechtsmittels nur aus einem Gesichtspunkt bedienen, der seinen Anschluß behufs Einlegung von Rechtsmitteln zuließ, so daß es, wie für den Anschluß als Nebenkläger überhaupt, sich nur auf jene rechtlichen Gesichtspunkte der Tat berufen durfte, wegen deren ihm vom Gesetz die Anschlußberechtigung verliehen war. Dem stand nicht entgegen, daß die Wirkung eines von ihm unbeschränkt eingelegten Rechtsmittels nicht auf einzelne rechtliche

Gesichtspunkte der angefochtenen Entscheidung, insbesondere auf solche beschränkt war, auf denen die Anschlußberechtigung beruhte, sondern, soweit Tateinheit vorlag, darin bestand, daß die Entscheidung in ihrem vollen Umfang als angefochten zu gelten hatte und uneingeschränkt der Nachprüfung des Rechtsmittelgerichts unterlag. Da aber im vorliegenden Fall wegen des Monopolvergehens die Revision des Hauptzollamts sich zulässigerweise auf die Frage des Werterfatzes beschränkt hatte und die Revisionsbeschwerde über die unterbliebene Verurteilung wegen Diebstehls unzulässig war, konnte auf diese Gesichtspunkte nicht eingegangen werden. (II, 30. Juni 1927.) Amtl. Sammlg. S. 349—351. Vgl. Bd. 36 S. 83; Bd. 38 S. 355; Bd. 45 S. 412.

106. **Zustellung an die Staatsanwaltschaft.** (StPO. §§ 41, 345.) Der Staatsanwaltschaft wurde eine Urteilsausfertigung zum Zwecke der Zustellung übersandt. Es fragt sich, ob ihr damit das Urteil zugestellt war. Das Reichsgericht verneinte das. Ein Schriftstück kann der Staatsanwaltschaft auf doppeltem Weg zugestellt werden: entweder unter Einhaltung der Vorschriften über die Zustellung oder in der vereinfachten Form der Vorlegung der Urschrift des zuzustellenden Schriftstücks. Unter der Urschrift kann nur das vom Verfasser selbst handschriftlich unterzeichnete Schriftstück verstanden werden. Die Vorlegung einer Ausfertigung gilt nicht als Zustellung. (II, 30. Juni 1927.)

Amtl. Sammlg. S. 351—352.
Vgl. Bd. 57 S. 55.

107. **Eröffnungsbeschluß. Heilung von Verfahrensmängeln.** (StPO. §§ 211, 266, 337, 338.) Gegen mehrere Personen wurde ein Verfahren wegen einer Reihe von Diebstählen eingeleitet. Zum Teil wurde das Hauptverfahren eröffnet; im übrigen wurden die Angeschuldigten außer Verfolgung gesetzt. In der Hauptverhandlung ergab sich, daß einer der Angeklagten sich eines Verbrechens des Diebstahls schuldig gemacht hatte, wegen dessen das Verfahren nicht eröffnet war. Er erklärte sich damit einverstanden, daß auch diese Tat in das Verfahren einbezogen wurde, legte aber gegen das Urteil Berufung ein. Sowohl diese wie die Revision waren ohne Erfolg. Allerdings konnte der Angeklagte

auf die Einhaltung der gesetzlichen Vorschriften, wodurch die Voraussetzungen für die Durchführung einer Hauptverhandlung bestimmt sind, nicht wirksam verzichten; hiezu gehört, zum mindesten wenn die Handlung sich als ein Verbrechen darstellt, das Vorliegen eines Eröffnungsbeschlusses. Trotz seines Verzichts durfte also gegen den Angeklagten kein Urteil ergehen; auch das Verfahren vor dem Berufungsgericht wurde durch die Zustimmung des Angeklagten nicht zulässig. Die Revision wurde gleichwohl verworfen, weil auf diesem Mangel das Urteil nicht beruhte. Diese Frage ist nicht darnach zu entscheiden, ob ohne den Verfahrensmangel gerade das vorliegende Urteil ergangen wäre, sondern darnach, ob ein unter Einhaltung der Verfahrensvorschriften ordnungsgemäß durchgeführtes Verfahren ein anderes Ergebnis gehabt hätte. Da der Angeklagte sich nicht nur auf die Anschuldigung eingelassen, sondern ausdrücklich erklärt hatte, die sofortige Aburteilung sei ihm erwünscht, konnte es als ausgeschlossen gelten, daß er bei richtiger Durchführung des Verfahrens sich anders verteidigt hätte. Unter diesen Umständen konnte auch sein Verzicht zur Entscheidung der Frage herangezogen werden, ob das Urteil auf dem Mangel beruhte. — Gegen den anderen Angeklagten war das Verfahren wegen eines bestimmten Diebstahls eröffnet worden, zugleich war er aber auch hinsichtlich desselben Diebstahls außer Verfolgung gesetzt worden. Unter solchen Umständen lag trotz des äußeren Anscheins kein Eröffnungsbeschluß vor; ein gleichwohl durchgeführtes Hauptverfahren entbehrte der gesetzlichen Grundlage. In diesem Fall war auch anzunehmen, daß das Urteil auf diesem Mangel beruhte, weil dem Angeklagten der Mangel nicht mitgeteilt worden war u. demgemäß nicht festgestellt werden konnte, ob er auf Geltendmachung des Mangels verzichtet hatte. (I, 28 Juni 1927) Amtl Sammlg. S 353—355 Vgl. Bd. 52 S. 306; Bd. 58 S. 125.

108. **Glückspiel.** (StGB. §§ 284, 284 a.) Das Kartenspiel „Mauscheln" war vom Landgericht unter Berufung auf die Rechtsprechung des Reichsgerichts als Glückspiel erklärt worden. Das Reichsgericht hob hervor, daß es einen Rechtsgrundsatz dieses Inhalts nie aufgestellt habe. Ob ein Spiel sich als Glückspiel dar-

stellt, hängt von dem allgemeinen Charakter ab, den es bei den gegebenen Verhältnissen besitzt. Ausschlaggebend ist hiebei, ob die Entscheidung über Gewinn und Verlust nicht von der Geschicklichkeit der Spieler, sondern ausschließlich oder überwiegend vom Zufall abhängt. Die Sache wurde zurückverwiesen. (III, 30. Juni 1927.)

Amtl. Sammlg. S. 355—357.
Vgl. Bd. 41 S. 218.

109. **Strafantrag. Vollmacht.** (StGB. § 61.) In einer Rennbahn war ein Hausfriedensbruch verübt worden. Im Auftrag des Präsidiums des Rennvereins stellte dessen Generalsekretär Strafantrag. Die Revision rügte, daß die Antragsfrist nicht gewahrt sei, weil bis zu deren Ablauf eine den Generalsekretär zur Antragstellung ermächtigende Vollmacht nicht vorgelegt worden sei. Sie hatte keinen Erfolg. Für die Bevollmächtigung zur Antragstellung bestehen keine Formvorschriften; sie kann mündlich oder stillschweigend erteilt werden. Es besteht für den, der für den Verletzten Strafantrag stellt, keine Verpflichtung, von sich aus Beweismittel dafür beizubringen, daß er zur Antragstellung ermächtigt ist, wie auch eine solche Beweispflicht nicht besteht für den gesetzlichen Vertreter einer verletzten natürlichen oder juristischen Person hinsichtlich seiner Vertretereigenschaft oder für den Verletzten dafür, daß seine Unterschrift unter dem Strafantrag echt ist. Die Strafverfolgungsbehörde hat in jeder Lage des Verfahrens von Amts wegen zu prüfen, ob der Strafantrag form- und fristgerecht von einem Berechtigten gestellt ist; wie sie sich hierüber Gewißheit verschafft, steht in ihrem Ermessen. Sie kann von einer Beweiserhebung absehen, wenn sie ohnehin schon von der Ordnungsmäßigkeit des Strafantrags überzeugt ist und keine Einwendungen dagegen erhoben werden. Wenn die Ermächtigung als beweisbedürftig angesehen wird, kann der Beweis auch erst nach Ablauf der Antragsfrist erbracht werden. Im vorliegenden Fall hatte der Angeklagte die Wirksamkeit des Strafantrags bis zur Begründung der Revision nicht angezweifelt; darum bestand kein Anlaß, Beweis hierüber zu erheben. (II, 4. Juli 1927.)

Amtl. Sammlg. S. 357—359.
Vgl. Bd. 60 S. 281.

110. Verwertung von Behauptungen des Angeklagten. Ablehnung eines Beweisantrags. (StPO. §§ 244, 261.) Der Angeklagte hatte Beweis für eine bestimmte Tatsache angeboten; das Gericht hatte den Antrag abgelehnt, die Tatsache als wahr unterstellt, aber zuungunsten des Angeklagten verwertet. Er beschwerte sich mit Unrecht hierüber. Eine als wahr unterstellte Tatsache unterliegt der freien Beweiswürdigung des Gerichts ebenso wie eine voll bewiesene Tatsache. (II, 7. Juli 1927.) Amtl. Sammlg. S. 359—360.

111. Abtreibung. Zulassung der Tötung. Versuch. Beihilfe. (StGB. §§ 43, 49, 218.) Eine Frau, die sich schwanger fühlte, ließ einen Eingriff an sich vornehmen, um die Frucht abzutreiben. Der Eingriff hatte keinen unmittelbaren Erfolg, doch trat einige Zeit später ein Fruchtabgang ein. Das Landgericht verurteilte sie wegen versuchter Abtreibung. Ihre Revision wurde verworfen. Nach der neuen Fassung der Vorschrift ist der Tötung im Mutterleib die Zulassung der Tötung gleichgesetzt; dadurch sollte klargestellt werden, daß die Schwangere, auch wenn sie die Abtreibung nicht veranlaßt, sondern nur duldet, als Täterin und nicht als Gehilfin zu bestrafen ist. Die Zulassung der Tötung ist erst dann vollendet, wenn der Tod der Frucht als Folge der Abtreibungshandlung eingetreten ist. Auch der Versuch der Zulassung ist strafbar. Er ist begrifflich nicht ausgeschlossen. Die Zulassung ist ohne eigene Tätigkeit der Schwangeren schwer denkbar; auch die Einnahme einer körperlichen Lage, welche den Eingriff ermöglicht, stellt schon ein tätiges Handeln dar. Aber auch das untätige Dulden würde einen Versuch nicht ausschließen. In diesem Fall würde eine sogenannte unechte Unterlassungsstraftat, die Übertretung einer Verbotsnorm, vorliegen; die Möglichkeit des Versuchs einer solchen Straftat ist im Gegensatz zu echten Unterlassungsstraftaten (Übertretung von Gebotsnormen) unbestritten. Ein Versuch der Zulassung liegt dann vor, wenn die Zulassung eingestellt wird, bevor der beabsichtigte oder begonnene Eingriff durchgeführt ist (nicht beendeter Versuch), oder wenn der Eingriff den gewünschten Erfolg, die Tötung der Leibesfrucht, nicht herbeigeführt hat (beendeter Versuch), sei es, daß die Frucht im Leib

geblieben ist oder daß die Tötung nicht die Folge der Abtreibungshandlung war oder daß überhaupt keine Schwangerschaft bestand (untauglicher Versuch). Da der Versuch der Zulassung strafbar und ein Vergehen ist, ist auch strafbare Beihilfe dazu möglich. Eine solche wurde darin gefunden, daß die Angeklagte zu dem Mann, der den Versuch vornahm, geführt wurde. (II, 7. Juli 1927.)
Amtl. Sammlg. S. 360—363.
Vgl. Bd. 1 S. 263; Bd. 28 S. 164; Bd. 29 S. 10.

112. Eisenbahntransportgefährdung. (StGB. §§ 315, 316.) Durch das Werfen von Steinen gegen einen fahrenden Zug wurde das Lokomotivpersonal gefährdet. Das genügte, um den Tatbestand einer Eisenbahntransportgefährdung zu erfüllen. Ob es wirklich zu einer Verletzung des Personals kam, machte nichts aus. Eine Transportgefährdung konnte schon darin gefunden werden, daß durch die Wahrnehmung der Steinwürfe die Aufmerksamkeit des Lokomotivpersonals von der notwendigen ununterbrochenen Erfüllung seiner Dienstpflichten abgelenkt wurde. Anders wäre der Fall zu beurteilen, wenn nur die im Zug sitzenden Reisenden durch die Steinwürfe gefährdet worden wären. (I, 8. Juli 1927.)
Amtl. Sammlg. S. 362—364.
Vgl. Bd. 10 S. 173; Bd. 30 S. 178; Bd. 51 S. 77.

113. Beseitigung widerrechtlicher Warenbezeichnungen. Betrug. Tateinheit. Nebenstrafe. Sicherheitsmaßregel. (StGB. §§ 73, 263; WZG. §§ 14, 19.) Neben einer Verurteilung zu einer Gefängnisstrafe wegen Betrugs und Verletzung des Warenzeichenrechts wurde dem Verletzten das Recht der Veröffentlichung des Urteils zugesprochen und die Vernichtung der im Besitz des Angeklagten befindlichen Flaschen, Etiketten und Verpackungsmaterialien angeordnet. Die Strafkammer bestätigte die Strafe, brachte aber die Veröffentlichungsbefugnis und die Vernichtung in Wegfall. Die Revision des Staatsanwalts führte dazu, daß die Vernichtung für zulässig erklärt wurde. Bei tateinheitlichem Zusammentreffen von Vergehen gegen das Warenzeichengesetz und Betrug ist die Strafe aus der Vorschrift über den Betrug zu entnehmen; demgemäß darf die im Warenzeichengesetz vorgesehene Veröffentlichungsbefugnis als Nebenstrafe nicht ausgesprochen werden. Dagegen ist die Vernichtung der im Widerspruch mit dem Warenzeichenrecht hergestellten Gegenstände nicht als Strafe, sondern als Sicherungs- oder Vorbeugungsmaßregel anzusehen. Das ergibt sich schon daraus, daß auf solche Maßnahmen auch im bürgerlichen Rechtsstreit erkannt werden kann und daß sie auch zulässig sind, wenn die Gegenstände dem Angeklagten nicht gehören. Die Sache wurde zurückverwiesen. (I, 12. Juli 1927.)

Amtl. Sammlg. S. 364—367.

Vgl. Bd. 14 S. 3; Bd. 35 S. 17; Bd. 37 S. 131; Bd. 45 S. 340; Bd. 46 S. 131; Bd. 50 S. 386; Bd. 55 S. 12.

114. Pfandbruch. Zubehör. (StGB. § 137; BGB. §§ 97, 98, 1120; ZPO. §§ 808, 865.) Durch den Gerichtsvollzieher wurden Nähmaschinen gepfändet, die Zubehör einer Fabrik und demgemäß von den auf dieser liegenden Hypotheken ergriffen waren. Der Eigentümer schenkte sie nach der Pfändung seiner Tochter und diese verkaufte sie. Wegen Pfandbruchs angeklagt, berief er sich darauf, daß die Pfändung der Maschinen unzulässig und darum unwirksam gewesen sei. Das Reichsgericht bestätigte die Verurteilung. Die Gesetzmäßigkeit einer Pfändung ist nicht davon abhängig, ob sie wirksam ist oder angefochten werden kann, wenn der Gerichtsvollzieher die für seine Amtshandlungen maßgebenden Gesetze beobachtet hat. Wer durch eine solche Pfändung in seinem Rechte beeinträchtigt worden ist, darf sich nicht unter Nichtachtung der Pfändung eigenmächtig Recht verschaffen, hat vielmehr auf dem gesetzlich vorgeschriebenen Weg um die Aufhebung der Pfändung nachzusuchen. Andernfalls vergeht er sich gegen § 137 StGB., der nicht die Rechte des die Pfändung veranlassenden Gläubigers schützen will, vielmehr im Interesse der öffentlichen Ordnung sich gegen die Nichtachtung der durch die zuständigen Behörden oder Beamten verfügten Vollstreckungshandlungen oder Sicherheitsmaßregeln wendet. Der Angeklagte war allerdings nicht behindert, das Eigentum an den Maschinen auf dritte Personen zu übertragen, wenn er dadurch den Besitz des Gerichtsvollziehers nicht beeinträchtigte; er mußte aber darauf bedacht sein, daß durch seine über die Sache getroffene Verfügung nicht die Gefahr der Verletzung des Pfandrechts herbeigeführt wurde. Das folgt schon daraus, daß der Gerichtsvollzieher, wenn er die Pfandsache im Gewahrsam des Schuldners läßt, den zunächst von ihm daran ergriffenen unmittelbaren Besitz wieder auf den Schuldner überträgt und damit ein Rechtsverhältnis begründet, das den Schuldner verpflichtet, den Besitz für den Gerichtsvollzieher auszuüben. Das Berufungsgericht hatte festgestellt, daß dem Angeklagten der Verkauf der Maschinen durch seine Tochter nicht entgangen sei und daß er von vorneherein mit dieser Möglichkeit gerechnet habe. (II, 14. Juli 1927.)

Amtl. Sammlg. S. 367—370.

Vgl. Bd. 9 S. 403; Bd. 19 S. 164, 287; Bd. 25 S. 108; Bd. 29 S. 123; RGZ. Bd. 94 S. 341; Bd. 105 S. 413.

115. **Zollvergehen. Hinterziehung. Werterſatz.** (VZG. § 134.) Kaviar wurde unter Hinterziehung des Zolles in das Zollgebiet eingeführt. Als die Täter betreten wurden, veranlaßten sie durch eine Täuschung den Zollbeamten, von der Beschlagnahme der Ware abzusehen, führten diese wieder aus und demnächst, wieder unter Hinterziehung des Zolles, neuerdings ein. Dem behördlichen Zugriff wurde sie entzogen. Es wurden Geldstrafen und eine Wertersatzstrafe verhängt. Die Revision des Hauptzollamts, nach dessen Ansicht die Wertersatzstrafe für jede der beiden Hinterziehungen hätte ausgesprochen werden sollen, wurde verworfen. Der an die Stelle der Konfiskation tretende Wertersatz ist allerdings eine Strafe; aus seiner Eigenschaft als Ersatz der Konfiskation ergibt sich aber, daß dazu nur verurteilt werden kann, wenn und soweit begrifflich und unbeschadet der im Einzelfall bestehenden Hindernisse auf Konfiskation erkannt werden könnte. Das kann aber in einem und demselben Strafverfahren gegen denselben Angeklagten nur einmal geschehen, weil mit der Konfiskation der Gegenstand in das Eigentum des Staates übergeht und aufhört, eine konfiszierbare Sache zu sein. (III, 14. Juli 1927.)

Amtl. Sammlg. S. 370—371.

116. **Tabaksteuerhinterziehung. Anstiftung. Vermutungstatbestand.** (TabStG. §§ 47, 59.) Der Kaufmann S. bestellte Zigarren zur Lieferung in das Tabaksteuerlager des Kaufmanns B. Versehentlich wurden sie unmittelbar an S. geliefert, ohne daß eine Steuer erhoben wurde. Die in einem solchen Fall binnen 5 Tagen an

die Steuerbehörde zu erstattende Anzeige unterließ S., weil B. ihm gesagt hatte, er werde die Sache schon regeln. S. wurde wegen Hinterziehung der Tabaksteuer, B. wegen Anstiftung verurteilt. Ihre Revisionen wurden verworfen. S. war auf Grund eines Vermutungstatbestandes, nämlich der Unterlassung der Anzeige verurteilt worden. An das Vorliegen dieses Tatbestands knüpft das Gericht die Vermutung einer vorsätzlich begangenen Hinterziehung der Steuer; diese Vermutung ist widerlegbar, war aber nicht widerlegt worden. Zur Verwirklichung dieses Tatbestandes hatte B. den S. vorsätzlich bestimmt. Damit hatte er sich der Anstiftung schuldig gemacht. Daß die Vermutung, unter welchen Umständen die Schuld des Täters als erwiesen gilt, auch auf die Anstiftung zurückwirkt, ergibt sich aus der Unselbständigkeit der Anstiftung und ihrer Abhängigkeit von der Haupttat. (II, 14. Juli 1927.)

Amtl. Sammlg. S. 371—372.

Vgl. Bd. 57 S. 212, 376.

117. **Falsche Anschuldigung. Anzeige bei einer Behörde. Sühneversuch. Meineid. Strafermäßigung.** (StGB. §§ 153, 154, 157, 164.) Ein Mann stellte unter Eid zweimal der Wahrheit zuwider den Geschlechtsverkehr mit einer Frau in Abrede. Er wurde wegen eines fortgesetzten Verbrechens des Meineids verurteilt. Seine Revision hatte Erfolg. Sie war darauf gestützt, daß er sich durch Angabe der Wahrheit der Gefahr einer Verfolgung wegen eines Vergehens ausgesetzt hätte. Der Angeklagte hatte einen anderen Mann, der ihn des Geschlechtsverkehrs mit der Frau bezichtigt hatte, vor den Gemeinderichter geladen und dort zur Zahlung einer Buße und Übernahme der Kosten bestimmt. Damit hatte er bei einer Behörde eine Anzeige gemacht, durch die er den anderen Mann wider besseres Wissen einer strafbaren Handlung, nämlich einer Beleidigung beschuldigt hatte. Die Angabe der Wahrheit konnte also schon beim ersten Eid eine Verfolgung wegen falscher Anschuldigung gegen ihn nach sich ziehen. Ob er hieran bei der Ablegung des Eides dachte, war belanglos. (Feriensenat, 30. Juli 1927.) Amtl. Sammlg. S. 372—373.

118. **Beeidigung der Geschworenen.** (GVG. §§ 51, 84; StPO. § 338.) Schöffen und Geschworene sind ein-

zeln, einer nach dem anderen, zu beeidigen. Ist diese Vorschrift nicht beachtet worden, so liegt eine gültige Eidesleistung auch dann nicht vor, wenn nachträglich auf andere Weise einwandfrei der Beweis erbracht ist, daß die sämtlichen Geschworenen oder Schöffen, wenn auch gleichzeitig miteinander, den Eid geleistet haben. Die Ungültigkeit des Eides hat zur Folge, daß das erkennende Gericht nicht vorschriftsmäßig besetzt ist. Daß es sich nicht nur um eine Ordnungsvorschrift, sondern um eine Zwangsvorschrift handelt, ergibt sich deutlich aus der Fassung des Gesetzes. Dieses schreibt zunächst vor, daß jeder der Geschworenen oder Schöffen einzeln die Eidesworte spricht, weiter dann, daß dabei die rechte Hand erhoben werden soll. Hätte der Gesetzgeber auch die Einzelbeeidigung nur als Ordnungsvorschrift gedacht, so hätte er auch für sie die gleiche Fassung gebraucht. (I, 23. September 1927.)

Amtl. Sammlg. S. 374—375.

119. **Versuchter Totschlag. Körperverletzung. Tateinheit.** (StGB. §§ 43, 73, 214, 223.) Tateinheit zwischen versuchtem Totschlag und vorsätzlicher Körperverletzung ist nicht denkbar. Eine Tötung kann anders als durch Körperverletzung nicht vorgenommen werden. Der Unterschied liegt nur in der Erreichung des Vorsatzes. Eine Körperverletzung kommt als solche rechtlich nur dann in Betracht, wenn sie nicht mit Tötungswillen erfolgt. Unvereinbar ist insbesondere auch der unmittelbare Vorsatz der Körperverletzung mit bedingtem Tötungsvorsatz; der Vorsatz der Körperverletzung schließt im Sinne des geltenden Strafrechts den Willen ein, nicht zu töten. (III, 26. September 1927.)

Amtl. Sammlg. S. 375—376.
Vgl. Bd. 44 S. 321.

120. **Beweisanträge zur Hauptverhandlung. Beschränkung der Verteidigung.** (StPO. §§ 219, 220, 244, 246.) Vor der Hauptverhandlung beantragte der Angeklagte die Ladung von Zeugen; er erhielt den Bescheid, über den Antrag werde in der Hauptverhandlung Beschluß gefaßt werden. Ein solcher Beschluß erging nicht. Dadurch war der Angeklagte in seiner Verteidigung in unzulässiger Weise beschränkt. Dem Angeklagten, der zur Vorbereitung der Hauptverhandlung Beweisanträge

beim Vorsitzenden stellt, ist hierauf ein Bescheid zu erteilen. Der Bescheid hat zu lauten, daß dem Antrag stattgegeben oder daß er abgelehnt werde; dagegen steht dem Vorsitzenden nicht die Befugnis zu, von einer Verfügung abzusehen und sie dem erkennenden Gericht für die Hauptverhandlung zu überlassen. Ein solcher Bescheid ist geeignet, den Angeklagten in einen Irrtum über die Verfahrenslage zu versetzen und in ihm den Glauben zu erwecken, er habe alles, was ihm oblag, getan und es werde keinesfalls eine ihm ungünstige Entscheidung erlassen werden, ohne daß vorher sein an den Vorsitzenden gerichteter Antrag beachtet und über ihn entschieden werde, auch ohne daß er ihn in der Verhandlung ausdrücklich wiederholt. Indem der Vorsitzende den angegebenen Bescheid erteilte, übernahm er die Verpflichtung, den Antrag dem Gericht zu unterbreiten und für eine Beschlußfassung besorgt zu sein. Versäumt er diese Verpflichtung, so war der Angeklagte zwar nicht durch einen Beschluß des Gerichts, wohl aber durch eine der Verfahrenslage zuwiderlaufende Unterlassung des Vorsitzenden in seiner Verteidigung unzulässig beschränkt. (II, 26. September 1927.) Amtl. Sammlg. S. 376—378.

121. **Unzüchtige Darstellung.** (StGB. § 184.) Eine Reihe von Ansichtskarten, auf denen nackte Frauen dargestellt waren, wurde beanstandet. Das Schöffengericht erachtete sie nicht für unzüchtig und begründete dies damit, daß sich Umstände, die auf das Geschlechtliche hinwiesen, nicht feststellen ließen; Haltung und Gesichtsausdruck sei auf keiner Karte so, daß das Geschlechtliche auffälliger hervortrete, als das bei jedem nackten Körper der Fall zu sein pflege. Das Landgericht erklärte alle Karten für unzüchtig, da es sich allenthalben um Dirnen handle, die sich, wie sonst, so auch in den von ihnen aufgenommenen Bildern zur Erregung geschlechtlicher Lüsternheit preisgäben. Die Revision hatte Erfolg. Die Bilder wiesen trotz des gemeinsamen Merkmals der Darstellung nackter Frauen so bemerkenswerte Unterschiede auf, daß die vom Landgericht angewandte Verurteilung in Bausch und Bogen Bedenken erwecken mußte. Da die Darstellung des nackten Körpers an sich nicht als unzüchtig bezeichnet werden kann, wäre es geboten gewesen, bei den einzelnen Bildern anzugeben, worin hier die

Besonderheit gefunden wurde, wegen deren die Bilder nicht mehr als eine zulässige Darstellung eines nackten Körpers gelten konnten, sondern als unzüchtig erachtet werden mußten. Dafür reichte nicht schon die Feststellung aus, daß die dargestellten Frauen sich bewußt der Kleider entledigt hatten, um abgebildet zu werden. Das Urteil ließ auch eine Begründung vermissen, worin es die Dirnenhaftigkeit der dargestellten Frauen erblickte. Der Umstand, daß sich diese dazu hergaben, sich nackt abbilden zu lassen und zwar, wie angenommen werden konnte, in dem Bewußtsein, die Darstellung werde auf Ansichtspostkarten allen Blicken preisgegeben werden, begründete zwar die Wahrscheinlichkeit, daß es sich um käufliche Frauen handelte; aber schon das war nicht sicher. Jedenfalls rechtfertigte jener Gedankengang nicht die Auffassung, daß die Darstellung selbst dirnenhaft war; aus dem dargestellten Körper, aus der Haltung, aus dem Gesichtsausdruck, mußte dem Beschauer die geschlechtliche Beziehung erkennbar werden. In früheren Entscheidungen ist als Kennzeichen der Unzüchtigkeit mehrfach hervorgehoben worden, daß die Schamgegend mit ihrer Behaarung besonders betont war. Wenn umgekehrt auf einem Bilde die Schamhaare in sorgfältiger Ausführung weggetilgt sind, spricht das für das Bestreben, den geschlechtlichen Reiz des unverhüllten Körpers zurückzudrängen, also gegen die Unzüchtigkeit des Bildes. Die Beibehaltung einzelner Kleidungsstücke oder die Verwendung von Kleidern, Schmuck, Blumen, Spiegeln, kann zwar im Rahmen anderer Umstände ein Merkmal der Unzüchtigkeit bilden, doch ist auch hier Vorsicht geboten; wenn die Darstellung des nackten Körpers nicht schon an sich unzüchtig ist, wird sie es auch nicht dadurch, daß die Schönheit des dargestellten Körpers durch Verwendung gewisser Zutaten gehoben wird. (I, 27. September 1927.)

Amtl. Sammlg. S. 379—381.

122. **Unzüchtige Darstellungen.** (StGB. § 184.) Von Postkarten, die als unzüchtig unter Anklage gestellt worden waren, hatte das Landgericht einen Teil für unbedenklich erklärt mit der Begründung, die darauf abgebildeten nackten Frauenkörper wirkten nicht als warmblütiges Fleisch, sondern kalt und statuenhaft, so daß

ihr geschlechtlicher Reiz völlig in den Hintergrund trete. Das Reichsgericht erklärte hiezu, auch die Darstellung warmblütigen Fleisches brauche nicht unzüchtig zu sein; sie ist es nicht, wenn Merkmale fehlen, die aus dem Bilde selbst erkennbar eine Beziehung auf das geschlechtliche Leben zeigen. Einen geschlechtlichen Reiz kann unter Umständen, je nach der Veranlagung des Beschauers, jede Darstellung eines nackten Körpers ausüben; auch die des bekleideten Körpers kann diese Wirkung haben. Das allein genügt aber nicht, um das Bild als unzüchtig erscheinen zu lassen, vielmehr muß in der Abbildung selbst gerade die Beziehung auf das Geschlechtliche zum Ausdruck kommen. Das kann in der Art des dargestellten Vorgangs oder der gezeigten Stellung liegen, kann sich schon aus dem Gesichtsausdruck ergeben, der eine Bereitwilligkeit der dargestellten Person zu geschlechtlicher Preisgabe zeigt. (I, 27. September 1927.)
Amtl. Sammlg. S. 382—383.

123. Verbot der Strafschärfung. Reformatio in peius. Meineid. Strafermäßigung. (StGB. §§ 153, 154, 157; StPO. § 358.) In einem Verfahren wegen Meineids erkannte das Schwurgericht auf eine Zuchthausstrafe von 1 Jahr 9 Monaten; Strafermäßigungsgründe wurden nicht anerkannt. Nachdem das Reichsgericht das Urteil aufgehoben und die Sache zurückverwiesen hatte, erhöhte das Schwurgericht an sich die Strafe auf 2 Jahre 6 Monate, billigte aber dem Angeklagten einen Ermäßigungsgrund zu und setzte die Strafe auf 1 Jahr 3 Monate herab. Die Revision des Angeklagten hatte keinen Erfolg. In dem neuen Urteil durfte keine härtere Strafe als in dem früheren Urteil erkannt werden; die früher erkannte Strafe durfte also weder der Art noch dem Maß nach verschärft werden. Das war nicht geschehen. Die Sache lag anders als in einem früher entschiedenen Fall, wo eine Erhöhung der Einzelstrafen für unzulässig erklärt wurde, auch wenn die frühere Gesamtstrafe beibehalten blieb; in der Erhöhung der Einzelstrafen lag deshalb eine Verschärfung, weil die Möglichkeit bestand, daß bei Wegfall der Verurteilung wegen einer der in Tatmehrheit zusammentreffenden strafbaren Handlungen eine der erhöhten Einzelstrafen selbständig zu vollstrecken war. Diese Gefahr bestand im vorliegenden Fall nicht. (I, 27. September 1927.)

Amtl. Sammlg. S. 383—384.

Vgl. Bd. 26 S. 167.

124. **Zeugnisverweigerungsrecht des Arztes.** (StPO. § 53; StGB. § 300.) Ein Arzt hatte im Auftrag des Gerichts eine Frau, die als Zeugin auftrat, auf ihren Geisteszustand zu untersuchen. Als er in der Verhandlung als Zeuge für die ihm hiebei von der Frau gemachten Mitteilungen benannt wurde, kam in Frage, ob er hierüber ohne die Genehmigung der Frau aussagen dürfe. Das Gericht beschloß, daß er ohne Befragung der Frau auszusagen habe. Ärzte sind zur Verweigerung des Zeugnisses über das berechtigt, was ihnen bei Ausübung des Berufs anvertraut ist. Die Vorschrift will hilfesuchende Kranke vor einer Eröffnung ihrer Privatgeheimnisse schützen, die sie dem Arzt zu ihrer sachgemäßen Beratung und Heilung anvertraut haben. Im vorliegenden Fall war aber der Arzt der Zeugin nicht als behandelnde Vertrauensperson, sondern als Beauftragter des Gerichts gegenübergetreten, der sie auf ihren Geisteszustand untersuchen sollte, um festzustellen, ob ihre Aussagen Glauben verdienen. Diesem Zweck diente auch die Befragung der Zeugin über die Einzelheiten der Tat. Die Aussage hierüber fiel in den Rahmen des dem Artz aufgetragenen Gutachtens. Anders läge die Sache, wenn es sich um Wahrnehmungen handelte, die auf freiwillige, mit dem Gutachten nicht zusammenhängende Mitteilungen der untersuchten Person sich stützten, hinsichtlich deren nach Lage des Falles anzunehmen war, daß sie unter der Voraussetzung der Geheimhaltung gemacht worden seien. Ein solcher Fall lag aber nicht vor. (II, 17. Oktober 1927.) Amtl. Sammlg. S. 384—385.

Vgl. Bd. 57 S. 63.

125. **Zurücknahme der Berufung. Nebenklage.** (StPO. §§ 303, 397, 398, 400, 401.) Zur wirksamen Zurücknahme der Berufung, ebenso auch zu ihrer teilweisen Zurücknahme durch Beschränkung des Rechtsmittels auf das Strafmaß bedarf es nach Beginn der Hauptverhandlung der Zustimmung des Gegners. Gegner des Angeklagten in diesem Sinne ist auch der Nebenkläger. Ob dessen Zustimmung auch dann erforderlich ist, wenn er in der Be-

rufungsverhandlung weder erscheint noch vertreten ist, sagt das Gesetz nicht. Er gehört nicht zu den Beteiligten, deren Mitwirkung im Verfahren und deren Anwesenheit in der Hauptverhandlung notwendig ist. Demgemäß hat er bei Unterlassung seiner Beteiligung am Verfahren dessen Ergebnis so hinzunehmen, wie es sich ohne ihn gestaltet hat. Das gilt selbst dann, wenn von seiner Benachrichtigung und Zuziehung zum Verfahren wegen Kürze der Zeit abgesehen wurde und er infolgedessen gar nicht in die Lage kam, Einfluß auszuüben. Es ist seine Sache, sich um den Gang des Verfahrens zu kümmern und darüber zu befinden, in welchem Umfang er von der Befugnis, sich als Gegner des Angeklagten zu betätigen, Gebrauch machen will. Soweit er das unterläßt, fällt trotz seines Anschlusses an die öffentliche Klage deren Vertretung ausschließlich der Staatsanwaltschaft zu. Wenn der Nebenkläger in der Berufungsverhandlung nicht erscheint, ist nur die Staatsanwaltschaft Gegner des Angeklagten. (II, 20. Oktober 1927.)

Amtl. Sammlg. S. 385—387.

126. **Gesellschaft mit beschränkter Haftung. Überschuldung.** (GmbHG. § 64.) Eine Überschuldung einer G. m. b. H. liegt nicht vor, wenn einer der Gesellschafter rechtsverbindlich auf die Geltendmachung einer ihm zustehenden Forderung solange verzichtet hat, bis der Vermögensstand der Gesellschaft auch unter Heranziehung der Forderung keine Unterbilanz mehr enthält. Die Vorschrift, daß im Falle der Überschuldung einer G. m. b. H. deren Konkurs anzumelden ist, dient dem Schutz der Gläubiger. Eine Auslegung, die diesen verhindert, kann daher nicht richtig sein. Das würde aber eintreten, wenn man die Sanierung eines in eine vorübergehende Krise geratenen Unternehmens durch einen Gesellschafter mit der Begründung unmöglich machte, daß den in das Unternehmen gesteckten Werten immer eine gleich hohe Schuld auf der Passivseite entspreche. Dann könnte die Unterbilanz und damit die Konkurspflicht niemals beseitigt werden, auch wenn noch so hohe Opfer gebracht würden. (III, 24. Oktober 1927.) Amtl. Sammlg. S. 387—388.

127. **Urteilsergänzung. Urteilsberichtigung. Offenbarer Mangel.** (StPO. §§ 260, 268.) Durch ein Urteil des Schöffengerichts wurde der Angeklagte zu einer Ge-

fängnisstrafe von 2 Jahren und zum Verlust der bürgerlichen Ehrenrechte auf 3 Jahre verurteilt. Das Landgericht setzte die Gefängnisstrafe auf 1 Jahr 6 Monate und die Dauer des Ehrverlustes auf 2 Jahre herab; bei der Verkündung des Urteils wurde die Herabsetzung der Dauer des Ehrverlusts nicht bekannt gegeben. Nachdem das Gericht auf das Versehen aufmerksam gemacht worden war, wurde ein Termin zur weiteren Verkündung des Urteils anberaumt und der Angeklagte sowie sein Verteidiger dazu geladen. In diesem Termin wurde als Urteil verkündet, daß der Angeklagte zu 2 Jahren Ehrverlust verurteilt werde. Die Revision des Angeklagten hatte Erfolg. Am Schluß der Verhandlung ist die Urteilsformel zu verlesen und sind die Urteilsgründe bekannt zu geben. Erst mit der Mitteilung beider Teile des Urteils hat die Verkündung ihr Ende erreicht. Wenn während der Verkündung der Urteilsgründe sich ein Anlaß ergibt, die Urteilsformel zu ändern, kann dies ohne weiteres geschehen. Ist aber die Verkündung des Urteils beendet, so ist die Hauptverhandlung zu schließen und bleibt für eine weitere (ändernde oder ergänzende) Verkündung kein Raum mehr. Das Ergänzungsurteil wurde deshalb aufgehoben; das zuerst verkündete Urteil blieb bestehen. Das Gericht hätte sein Urteil durch Beschluß berichtigen können. Die Herabsetzung der Dauer des Ehrverlusts war bei der mündlichen Eröffnung der Urteilsgründe bekanntgegeben worden; demgemäß war die Urteilsformel unrichtig. Die Strafprozeßordnung enthält zwar keine Vorschriften über die Berichtigung des Urteils; offenbare Mängel des Ausdrucks für das erkennbar Gewollte müssen aber berichtigt werden können. Ein solcher Mangel kann auch darin bestehen, daß die Formel den beschlossenen Spruch nicht vollständig wiedergibt. So lag der vorliegende Fall. Durch die Bekanntgabe der Urteilsgründe war allen Beteiligten erkennbar geworden, daß die Dauer des Ehrverlusts herabgesetzt worden war; es lag also ein offenbarer Mangel vor, der durch einen Beschluß des Gerichts jederzeit berichtigt werden konnte. Das Reichsgericht berichtigte demgemäß das Urteil in diesem Sinn. (I, 25. Oktober 1927.)

Amtl. Sammlg. S. 388—392.

Vgl. Bd. 13 S. 269; Bd. 15 S. 271; Bd. 28 S. 82.

128. **Arzt. Körperverletzung.** (StGB. § 223.) Die Mutter eines Kindes beauftragte einen Arzt, diesem die Mandeln herauszunehmen. Da das Kind sich weigerte, den Mund zu öffnen, versetzte ihm der Arzt mehrere Ohrfeigen. Der Vormund des Kindes stellte Strafantrag wegen Körperverletzung. Die Untergerichte sprachen ihn frei, weil er im Auftrag der Mutter die Ermächtigung und Einwilligung zu den Schlägen erhalten habe. Das Reichsgericht verwies die Sache zurück. Die Einwilligung der Mutter konnte rechtlich nur unter dem Gesichtspunkte einer aus dem Rechte der Sorge für das Kind fließenden Befugnis, die Ausübung dieser Sorge dem Arzte zu übertragen, in Betracht kommen. Ob der Mutter das Recht der Sorge für die Person des Kindes zustand, hatte das Landgericht nicht festgestellt; es konnte auch dahingestellt bleiben, weil der Angeklagte nicht daran gezweifelt hatte. Der Inhaber der elterlichen Gewalt kann aber anderen Personen die körperliche Verletzung seines Kindes nur insoweit rechtswirksam übertragen, als er selbst dazu berechtigt wäre. Hier kamen nach der Gestaltung des Falles nur die Übertragung der Ausübung des elterlichen Züchtigungsrechts und der Auftrag zur Vornahme eines ärztlichen Eingriffs zum Zwecke der Erhaltung von Leben und Gesundheit des Kindes in Frage. Für beide Fälle besteht nach anerkanntem Recht die Möglichkeit der Ermächtigung anderer Personen zur körperlichen Verletzung des Kindes. Konnte sich der Angeklagte nicht auf einen dieser beiden Rechtsgründe für sein Vorgehen berufen, so handelte er, gleichviel, ob es mit oder ohne Einwilligung der Mutter geschah, rechtswidrig. Die nachträgliche Genehmigung der Mutter rechtfertigte sein Vorgehen in keinem Fall, da für den Bestand einer strafbaren Handlung stets die Zeit ihrer Begehung entscheidend ist. Ob nicht auch im Falle der Übertragung des elterlichen Züchtigungsrechts das Vorgehen des Arztes den zulässigen Rahmen überschritten hätte, brauchte nicht geprüft zu werden, da die Mutter erklärt hatte, daß sie dem Angeklagten die Ausübung des elterlichen Züchtigungsrechts nicht hatte übertragen wollen. Demgemäß fragte sich, ob die Schläge als eine zur Durchführung des ärztlichen Eingriffs erforderliche Maßnahme Gegenstand des Auftrags zur Operation

waren. Das Landgericht hatte ausgeführt, die Einwilligung zur Operation erstrecke sich auf alle Maßnahmen, die nach ärztlicher Erfahrung erforderlich seien, um den durch die Operation bezweckten Erfolg herbeizuführen; da die Beseitigung des Widerstandes des Kindes gegen den Eingriff ein solches Mittel sei, werde es von dem Auftrag zur Operation gedeckt. Das Reichsgericht erklärte diese Auffassung für bedenklich. Der Auftrag zur Beseitigung eines Kopfschmerzes schließt den Auftrag zur Entfernung eines der beiden Augen auch dann nicht in sich, wenn ohne letzteres der Kopfschmerz nach ärztlicher Erfahrung nicht zu beseitigen wäre. Aber auch in der Beschränkung auf weniger einschneidende Maßnahmen läßt sich die Auffassung nicht halten. Der Inhalt einer Willenserklärung läßt sich nicht rechtsgrundsätzlich, sondern immer nur im Wege der Auslegung im Einzelfall bestimmen; es kommt dabei wesentlich auf die Person, Anschauung, Kenntnis und Absicht des Erklärenden an. Gleichviel, welchen Standpunkt die ärztliche Berufskunde in solchen Fällen vertritt, kann das nicht entscheidend dafür sein, ob die Mutter, die ihr Kind einem ohne Betäubung vorzunehmenden operativen Eingriff auszusetzen genötigt ist, damit rechnen kann und es billigt, daß das ängstliche Kind mit schweren Schlägen zur Vornahme der Operation vorbereitet wird. Dafür, daß die Mutter mit dieser Behandlung ihres Kindes auch nur bedingt einverstanden gewesen wäre, fehlte es nach dem Urteil an jedem Anhalt. Sie hatte offenbar mit einer solchen Möglichkeit gar nicht gerechnet; vielmehr hatte sie alsbald Schritte getan, die zur Strafverfolgung des Angeklagten führten. Auch über die Frage, ob wenigstens der Angeklagte an das Einverständnis der Mutter glaubte und ohne Verschulden glauben konnte, gab das Urteil keinen zureichenden Aufschluß. Traf das nicht zu, so blieb dem Angeklagten nichts übrig, als die Unterlassung der Operation, gleichviel, ob die Ohrfeigen als Betätigung ärztlicher Fachkunde in Betracht kamen oder nicht. Die Anwendung physischen Zwanges oder die Anwendung körperlicher Reizung zur Herbeiführung einer unwillkürlichen Bewegung des Kranken kann allerdings in den Rahmen der ärztlichen Fachkunde fallen und es kann unter Umstän-

den auch eine Ohrfeige als ein solches Reizmittel in Betracht kommen. Die durch Schläge erfolgte Nötigung des freien Willens eines Kranken zur Duldung eines ärztlichen Eingriffs stellt jedoch keine auf fachkundlichem Gebiet liegende Betätigung des Arztes dar. Es unterlag nach den Feststellungen keinem Zweifel, daß der Angeklagte die Ohrfeige als Zuchtmittel angewandt hatte, um das Kind seinem Willen gefügig zu machen. Vor allem aber war die von der Strafkammer selbst als Voraussetzung des Freispruchs geforderte Notwendigkeit jener Behandlung des Kindes, wenn es sich dabei überhaupt um einen Akt ärztlicher Technik gehandelt haben sollte, in keiner Weise dargetan. Die Ohrfeigen hatten die Folge, daß das Gesicht des Kindes mehrere Tage anschwoll und blauunterlaufene Striemen erkennen ließ; sie trugen dem äußeren Anschein nach in hohem Grade den Charakter einer rohen Mißhandlung und ließen die vom Arzt erwartete Rücksicht auf die seelische Stimmung des Kranken sowie auf sein und seiner Mutter persönliches Gefühl vermissen. Auch als ärztlich technische Maßnahme ließ sich eine solche Behandlung des Kindes nur rechtfertigen, wenn andere, weniger verletzende Mittel nicht zu Gebote standen. Daß das Mittel zweckmäßig, gebräuchlich und erforderlich war, reichte nicht aus. (III, November 1927.) Amtl. Sammlg. S. 393—398.
Vgl. Bd. 25 S. 375; Bd. 61 S. 191.

129. **Fehlende Urteilsunterschrift.** (StPO. § 275.) Bei der Verlesung eines Urteils des Schöffengerichts in der Berufungsverhandlung ergab sich, daß dieses nur eine Unterschrift trug, obwohl außer dem Vorsitzenden noch ein zweiter Richter mitgewirkt hatte. Die gegen das Berufungsurteil eingelegte Revision hatte keinen Erfolg. Die Vorschrift, daß das Urteil von allen Richtern, die an der Verhandlung teilgenommen haben, unterschrieben werden muß, ist allerdings zwingend; aber der Durchführung der Berufungsverhandlung stand der Mangel nicht im Wege. Das Urteil war allerdings in der Berufungsverhandlung zu verlesen, um den Gegenstand der Verhandlung, insbesondere Inhalt, Umfang und Ziel des Rechtsmittels klarzustellen. Es sind ihm aber in keiner Weise die gleichen Wirkungen wie einem

Eröffnungsbeschluß beigelegt. Das mit Gründen zu den Akten zu bringende schriftliche Urteil steht als Beweis für die Tatsache der Verurteilung, die schon durch die Verlesung der Urteilsformel und die Verkündung der Urteilsgründe in Wirkung getreten ist, neben der in das Protokoll aufzunehmenden Urteilsformel. Ein Mangel des schriftlichen Urteils ändert nichts an dem Inhalt des Urteilsspruchs, gegen den allein ein Rechtsmittel eingelegt werden kann. (II, 3. November 1927.)

Amtl. Sammlg. S. 399—400.

Vgl. Bd. 10 S. 56; Bd. 43 S. 217; Bd. 59 S. 299; Bd. 61 S. 287.

130. Beleidigung. Wahrnehmung berechtigter Interessen. Strafanzeige. (StGB. §§ 186, 193.) In Wahrnehmung berechtigter Interessen handelt der Täter nur, wenn ihn dieser Zweck zu seinem Tun bewegt, für ihn also den Beweggrund oder einen mehrerer Beweggründe abgibt. Ob er sich daneben noch von anderen, verwerfliche Interessen verfolgenden Beweggründe leiten läßt, ist ohne Bedeutung. Bei Erstattung einer Strafanzeige, die den Tatbestand der üblen Nachrede erfüllt, kommt es darauf an, ob es dem Täter ernstlich um die Herbeiführung einer von ihm für begründet erachteten Strafverfolgung zu tun ist; wenn das zutrifft, macht es nichts aus, ob er auch einem Rachebedürfnis genügen will. (III, 10. November 1927.)

Amtl. Sammlg. S. 400—402.

131. Uneheliche Mutter. Zeugnisverweigerungsrecht. (ZPO. § 385; StGB. §§ 153, 154, 157.) Eine uneheliche Mutter wurde im Unterhaltsstreit ihres Kindes gegen den unehelichen Vater als Zeugin vernommen und beeidigt. Sie wurde wegen Meineids verurteilt; eine Strafermäßigung wurde ihr nicht zugebilligt. Das Reichsgericht hob das Urteil auf. Zur Verweigerung des Zeugnisses in einem Rechtsstreit sind alle Personen berechtigt, die mit einer Partei in gerader Linie verwandt sind; das Zeugnis darf aber nicht verweigert werden über Tatsachen, welche die durch die Familienverhältnisse bedingten Vermögensangelegenheiten betreffen. Die Voraussetzungen dieser Ausnahme treffen nicht zu. Die Zeugin war nur darüber zu fragen, ob sie während der Empfängniszeit außer mit dem Beklagten auch noch mit anderen Männern geschlechtlich verkehrt habe. Wäre das durch die Vernehmung festgestellt worden, so hätte der Beklagte nicht als Vater des Kindes zu gelten gehabt und wäre nicht zur Gewährung des Unterhalts an das Kind verpflichtet gewesen. Das zwischen der Zeugin und dem klagenden Kind bestehende Familienverhältnis wurde jedoch durch jene Tatsache nicht berührt und ein Familienverhältnis zwischen der Zeugin und dem Beklagten kam überhaupt nicht in Frage. Die Vaterschaft zu dem klagenden Kind war weder eine Vermögensangelegenheit der Mutter noch durch ihre Familienverhältnisse bedingt. Demgemäß wäre die Angeklagte zur Verweigerung des Zeugnisses berechtigt gewesen und hatte, da sie hierauf nicht hingewiesen worden war, Anspruch auf die gesetzliche Strafermäßigung. (I, 11. November 1927.) Amtl. Sammlg. S. 402—403. Vgl. Bd. 36 S. 1; Bd. 60 S. 106.

132. **Militärgerichtsbarkeit. Eingeschiffte Marineangehörige.** (RG. vom 17. August 1920 über Aufhebung der Militärgerichtsbarkeit.) Als eingeschifft haben alle Mannschaften zu gelten, die zu dem organisierten selbständigen Schiffsverband eines in Dienst gestellten Schiffes kommandiert sind; sie bleiben eingeschifft auch dann, wenn sie sich zeitweise aus irgendwelchen Gründen an Land befinden. (III, 17. November 1927.) Amtl. Sammlg. S. 403—404.

133. **Gewerbsmäßige Tat. Verfahrensverbindung.** (StPO. §§ 243, 270, 328.) Gegen eine Frau wurde ein Hauptverfahren wegen Abtreibung vor dem Schöffengericht eröffnet. Gegen das Urteil legte sie Berufung ein. Das Landgericht verwies die Sache vor das Schwurgericht mit der Begründung, daß hinreichender Verdacht der gewerbsmäßigen Abtreibung vorliege. Inzwischen war gegen dieselbe Angeklagte in einer anderen Sache das Hauptverfahren vor dem Schwurgericht wegen gewerbsmäßiger Abtreibung eröffnet worden. In der Hauptverhandlung wurde die früher anhängig gewordene Sache mit dieser verbunden; es wurde aber weder der Eröffnungsbeschluß noch der Verweisungsbeschluß verlesen. Im vorliegenden Fall bedeutete das keinen Verstoß gegen die an sich bindende Vorschrift, welche diese Verlesung anordnet. Die der Angeklagten zur

Last gelegte gewerbsmäßige Abtreibung umfaßte alle bis zur Aburteilung von der Angeklagten begangenen Einzelhandlungen, die durch Gewerbsmäßigkeit zu einer Gesamttat zusammengefaßt wurden. Ohne Rücksicht darauf, ob diese einzelnen Handlungen im Vorverfahren oder in der Voruntersuchung zum Gegenstand der Untersuchung gemacht waren, hätten sie zum Gegenstand der Hauptverhandlung und der Aburteilung gemacht werden dürfen und sogar, soweit sie zur Kenntnis des Gerichts kamen, gemacht werden müssen. Durch die Verbindung der beiden bisher getrennt gehaltenen Strafsachen wurde deshalb wenigstens insoweit, als es sich um Einzelhandlungen der gewerbsmäßigen Abtreibung handelte, für die Angeklagte die Verfahrenslage nicht geändert; auch ohne die Verbindung hätte die Hauptverhandlung und das Urteil die Einzelfälle, die der Verurteilung wegen der gewerbsmäßigen Tat zugrunde gelegt wurden, mitumfassen müssen. Da beide Strafverfahren dieselbe Tat betrafen, konnten sie nicht miteinander verbunden werden; der Verweisungsbeschluß war also wirkungslos. Wie das andere Verfahren zum Abschluß hätte gebracht werden müssen, war nicht zu entscheiden. (II, 24. November 1927.)

Amtl. Sammlg. S. 404—407.

134. **Vollstreckungsvereitelung. Vermögen.** (StGB. § 288; ZPO. § 883.) Zur Sicherung einer Forderung wurde eine Dreschmaschine übereignet. Der Eigentümer erwirkte einen vollstreckbaren Titel auf Herausgabe der Maschine; die Vollstreckung erwies sich aber als undurchführbar, weil der Besitzer die Maschine beseitigt hatte. Er wurde wegen Beseitigung von Vermögensbestandteilen zum Zwecke der Vereitelung der Vollstreckung angeklagt, aber vom Schwurgericht mit der Begründung freigesprochen, daß die Maschine nicht zu seinem Vermögen gehört habe. Das Reichsgericht verwies die Sache zurück. Die Strafvorschrift über Vollstreckungsvereitelung, die in innerem Zusammenhang mit den Vorschriften des Konkursstrafrechts steht, will den Zugriff der Gläubiger auf das der Vollstreckung unterliegende Vermögen schützen. Für diesen Begriff und die dabei in Betracht kommenden Belange spielt die bürgerlich-rechtliche Beziehung des Schuldners zu

den einzelnen Gegenständen keine entscheidende Rolle; maßgebend ist das Vollstreckungsrecht. Bei der Zwangsvollstreckung handelt es sich um die Rechtspflicht des Schuldners, zu dulden, daß wirtschaftliche Werte, die sich in dem Bannkreis seiner rechtlichen oder tatsächlichen Gewalt befinden, dieser Herrschaft zum Zwecke der Gläubigerbefriedigung entzogen werden. Der Umfang der Grenze des Vollstreckungsrechts deckt sich nicht mit denen des Vermögens des Schuldners in bürgerlich-rechtlichem Sinne. Demgemäß ist unter Vermögen im Sinne des § 288 StGB. der rechtliche oder tatsächliche Machtkreis zu verstehen, in dem der Schuldner nach den Grundsätzen des Vollstreckungsrechts die Vollstreckung zu dulden hat. In diesen Machtkreis fällt auch der Besitz; auch er kann im Fall eines Herausgabeanspruchs Gegenstand der Vollstreckung sein. Andernfalls würde der Schutz gerade dem Gläubiger versagt werden, der seine eigene Sache vom Schuldner herauszuverlangen hat; dem Dieb, der zur Herausgabe der gestohlenen Sache verurteilt ist, wäre deren Beseitigung straflos gestattet; der Verkäufer, der sich zur Sicherung seiner Forderung das Eigentum vorbehält, wäre schlechter gestellt als jener, der das unterließ; das wäre sinnlos. (III, 28. November 1927.)

Amtl. Sammlg. S. 407—410.

Vgl. Bd. 31 S. 22; Bd. 38 S. 227.

135. **Urkundenfälschung. Seemannsamtliche Musterrolle. Tateinheit.** (StGB. §§ 73, 267, 271; SeemannsO. §§ 7, 10, 13, 16, 22, 107.) Ein Kellner, der als solcher keine Möglichkeit fand, angeheuert zu werden, ließ sich unter Vorlegung eines gefälschten Seefahrtsbuchs als Matrose für ein deutsches Schiff anmustern und unterschrieb die Musterrolle mit dem falschen Namen. Er wurde wegen tateinheitlicher Urkundenfälschung nach §§ 267, 268 und nach §§ 271, 272 StGB. verurteilt. Die Revision des Staatsanwalts und des Angeklagten hatten keinen Erfolg. Der Angeklagte hatte zunächst eine Falschbeurkundung im Sinne des § 271 bewirkt. Daß der Musterrolle bezüglich des in ihr beurkundeten Vorgangs öffentliche Beweiskraft für und gegen jedermann an sich zukommt und daß insoweit sich auch der Strafschutz des § 271 StGB. auf sie erstreckt,

wird von keiner Seite bezweifelt, sondern nur, in welchem Umfang dies der Fall sei. Der Staatsanwalt hatte angenommen, die Urkunde liefere zwar öffentlichen Beweis über den Sachinhalt des Heuervertrags, beweise dagegen hinsichtlich der Beteiligten nur, daß diese sich vor dem Seemannsamt als die in der Musterrolle benannten Personen ausgegeben hätten, nicht aber, daß sie wirklich diese Personen wären. Dieser Auffassung trat das Reichsgericht nicht bei. Welchen Umfang die Beweiskraft einer öffentlichen Urkunde hat, läßt sich nicht allgemein bestimmen; das hängt von der Natur und Zweckbestimmung der Beurkundung ab, die sich entweder aus besonderer gesetzlicher Vorschrift oder aus allgemeinen Erwägungen ergeben kann. Auf dem ersteren Grunde beruht die umfassende Beweiskraft der standesamtlichen Urkunde einerseits, die beschränkte Beweiskraft des gerichtlichen Sitzungsprotokolls andererseits. Besondere Schlüsse auf die Beweiskraft öffentlicher Beurkundungen rechtsgeschäftlicher Vorgänge bezüglich der in der Urkunde enthaltenen Angaben über die Personen der Beteiligten lassen sich hieraus nicht ziehen. Auch beim Fehlen besonderer gesetzlicher Regelung zwingt aber die aus dem Gegenstand zu entnehmende Zweckbestimmung der Beurkundung zur grundsätzlichen Bejahung der umfassenderen Beweiskraft. Der rechtsgeschäftliche Vorgang läßt sich von der Person der Beteiligten begrifflich nicht trennen. Seine Bedeutung liegt nicht darin, daß eine bestimmte Willenserklärung an sich abgegeben oder eine bestimmte Rechtshandlung an sich vorgenommen wurde, sondern darin, daß diese seitens einer bestimmt bezeichneten Person geschah. Losgelöst von diesen Personen ist der Vorgang und regelmäßig auch seine Feststellung rechtlich belanglos. Soweit nicht unzweideutige Gründe dagegen sprechen, ist daher davon auszugehen, daß da, wo das Gesetz die Beurkundung eines Rechtsgeschäfts durch eine öffentliche Urkundsperson zum Beweis für und gegen jedermann anordnet, die öffentliche Beweiskraft der Urkunde sich nicht auf den sachlichen Inhalt des Vorgangs beschränkt, sondern sich auch auf die Angaben über die Person der Beteiligten erstreckt. Daß dies bezüglich der im Rahmen der freiwilligen Gerichtsbarkeit, des Grundbuchwesens und des Notariats aufgenommenen Urkunde über rechtsgeschäftliche Vorgänge zutrifft, wird ernstlich nicht bezweifelt. Für die Fälle, in denen das Gesetz andere Behörden zu derartigen Urkundsakten bestellt oder ermächtigt, eine abweichende Beurteilung Platz greifen zu lassen besteht kein Grund. Insoweit kann es keinen Unterschied machen, ob der Urkundsakt der Begründung oder nur der Verlautbarung des schon anderweit begründeten Rechtsgeschäfts dient; denn auch bei der gerichtlichen oder notariellen Anerkennung des Inhalts eines privatschriftlich beurkundeten Rechtsgeschäfts oder der Anerkennung und Beglaubigung der Unterschrift unter einem solchen kann über die öffentliche Beweiskraft bezüglich der Person des Erklärenden kein Zweifel bestehen. Es ist nicht ersichtlich, inwiefern für diesen Gesichtspunkt bei den Musterungsverhandlungen des Seemannsamts kein Raum sein sollte, da das Gesetz hier die öffentliche Beurkundung gerade wegen der nicht bloß privatrechtlichen, sondern auch öffentlichrechtlichen Interessen, die aus dem Heuervertrag erwachsen, vorschreibt und da es für die Wahrung dieses Interesses ersichtlich nicht bloß darauf ankommen kann, daß der Vertrag geschlossen, sondern vor allem, von wem er geschlossen wurde. Die Bedeutung der persönlichen Seite des Anmusterungsgeschäfts folgt schon aus dem unlöslichen Zusammenhang der Musterungsverhandlungen mit dem Seefahrtsbuch des Schiffsmanns, dessen Eigenschaft als öffentliche, zum amtlichen Ausweis über die Person des Inhabers dienenden Urkunde sich aus der Seemannsordnung ergibt. Hiefür ist die Personengleichheit der in dem Seefahrtsbuch benannten Person mit der laut Musterrolle angeheuerten Person wesentliche Voraussetzung; diese Gleichheit zu öffentlichem Glauben zu bescheinigen wäre das Seemannsamt nicht in der Lage, wenn die Musterrolle keine Feststellung der Personengleichheit enthielte. Neben dem Tatbestand des § 271 war auch jener des § 267 StGB. durch die Unterzeichnung der Urkunde mit einem falschen Namen erfüllt. Wo eine Falschbeurkundung im Sinne des § 271 erwirkt wird, kann es sich nicht um die Verfälschung einer schon vorhandenen Urkunde handeln, da letztere ja erst entstehen soll. Es könnte höchstens ein falsches Anfertigen der öffentlichen Urkunde in Betracht kommen, wenigstens

dort, wo der Beitrag des Täters zu der Erwirkung der Falschbeurkundung darin besteht, daß er die von ihm zu Protokoll gegebene Erklärung unter einem falschen Namen abgibt oder unterschreibt. Indessen ist auch das zu verneinen. Im Falle des § 271 StGB. ist der Täter niemals der Anfertiger der öffentlichen Urkunde, deren Herstellung durch einen anderen, nämlich durch den zuständigen Beamten, gerade vorausgesetzt wird. Es kann auch nicht davon die Rede sein, daß er sich als mittelbarer Täter des Urkundsbeamten als Werkzeug zur Anfertigung der Urkunde bediente. Ferner handelt es sich beim § 271 StGB. gar nicht um die Herstellung einer äußerlich falschen Urkunde, sondern darum, daß der Täter durch Irreführung des Beamten den sachlichen Inhalt der an sich echten öffentlichen Beurkundung beeinflußt. Ein fälschliches Anfertigen im Sinne der Echtheit oder Unechtheit der Beurkundung kommt daher für den Tatbestand des § 271 StGB. überhaupt nicht in Frage. Die Tatbestände der §§ 271 und 267 StGB. decken sich hiernach in keinem ihrer gesetzlichen Merkmale; unter keinen Umständen kann der eine in dem anderen in dem Sinne der Gesetzeseinheit aufgehen. Der § 271 ist kein Sonderfall des § 267. Wird sein Tatbestand, also die Irreführung des Urkundsbeamten, durch eine Betätigung verwirklicht, welche die Merkmale des § 267 aufweist, so ist Tateinheit gegeben. (III, 5. Dezember 1927.) Amtl. Sammlg. S. 410—415.
Vgl. Bd. 39 S. 346; Bd. 42 S. 287; Bd. 51 S. 119; Bd. 59 S. 13; Bd. 60 S. 231.

136. **Ausgeschlossener Richter. Haftprüfungsverfahren.** (StPO. §§ 23, 115a.) Die bloße Eröffnung der Voruntersuchung bildet auch dann, wenn mit ihr die Anordnung der Fortdauer der Untersuchungshaft verbunden ist, für den damit befaßten Richter kein Hindernis, Mitglied des erkennenden Gerichts zu sein, da hierin noch keine Führung der Voruntersuchung zu erblicken ist. Eine gesetzliche Bestimmung, nach der ein im Haftprüfungsverfahren beteiligter Richter nicht Mitglied des erkennenden Gerichts sein könnte, besteht nicht. Auch wenn das Haftprüfungsverfahren im Laufe einer Voruntersuchung stattfindet, gehört es nicht zur Führung der Voruntersuchung. Es steht auch nichts im Weg, daß

der Richter, der den Haftbefehl erlassen oder die Fortdauer der Untersuchungshaft angeordnet hat, beim Haftprüfungsverfahren mitwirkt. Das Haftprüfungsverfahren ist kein Rechtsmittelverfahren, sondern ein Verfahren von Amts wegen; hieran wird auch dadurch nichts geändert, daß der Angeklagte eine mündliche Verhandlung beantragt und in dieser den Antrag auf Aufhebung des Haftbefehls stellt. Die im Haftprüfungsverfahren ergehende Entscheidung ist demnach keine in höherer Instanz erlassene Entscheidung über ein Rechtsmittel. (I, 13. Dezember 1927.) Amtl. Sammlg. S. 415—416.

137. **Strafzweck.** (StGB. § 27 b.) In einem Urteil wegen Versicherungsbetrug war die Verhängung einer Geldstrafe mit der Begründung abgelehnt, daß auf diesem Gebiet eine unbedingte Sicherheit, besonders wegen der möglichen Folgen verlangt werden müsse. Unerörtert blieb die Frage, ob auf die Verurteilten eine Geldstrafe so wirken würde, daß dadurch für ihre Person der Zweck der Strafe erreicht würde. Die Strafe bezweckt in erster Linie eine gerechte Sühne des begangenen Unrechts, wenn sie auch zugleich den Verurteilten bessern und andere vor gleichen Straftaten abschrecken soll; wenn also das Landgericht ausschließlich erwog, ob eine Geldstrafe eine genügende abschreckende Wirkung üben würde, bestand die Möglichkeit, daß es von einer zu engen Auffassung des Strafzwecks ausging. Dem Urteil war aber nicht zu entnehmen, daß die Strafkammer rechtsirrig nur auf diese eine Seite des Strafzweckes gesehen hätte; sie war vielmehr erkennbar nur bei der Abwägung der in Frage kommenden Umstände zu dem Ergebnis gelangt, daß eine Freiheitsstrafe mit Rücksicht auf die Sicherheit auf dem Gebiete des Versicherungswesens geboten sei, wenn auch andere Umstände es rechtfertigen mochten, von einer solchen abzusehen. (I, 11. November 1927.)

Amtl. Sammlg. S. 417.

138. **Betriebsgeheimnis. Aufzeichnungen. Gute Sitten.** (UnlWG. § 17.) Ein Arbeiter in einer Filmfabrik machte sich während seiner Beschäftigung Aufzeichnungen über die chemische Herstellung von Filmstreifen. Mehrere Jahre nach seinem Austritt teilte er sie einem anderen Fabrikanten mit. Er wurde von der Anklage unerlaubter Mitteilung von Betriebsgeheimnissen freigesprochen, weil

er die Kenntnis nicht in einer gegen die guten Sitten verstoßenden Weise erlangt hatte. Das Reichsgericht verwies die Sache zurück. Eine Handlung verstößt gegen die guten Sitten, wenn sie nach dem Anstandsgefühl der billig und gerecht denkenden Angehörigen des betreffenden Standes als unanständig empfunden wird. Ist in einem Betrieb die Anfertigung von Abschriften oder Aufzeichnungen über den Inhalt von Rezepten oder anderer Betriebsgeheimnisse erlaubt, so kann eine solche erlaubte Handlungsweise durch den Hinzutritt des Beweggrunds, die Abschriften oder Aufzeichnungen später zu Zwecken des Wettbewerbs zu verwenden, nicht sittenwidrig werden, namentlich dann nicht, wenn der Wettbewerb nach dem Austritt aus dem Dienste gestattet ist. Ist die Erlaubnis zur Abschriftnahme oder Aufzeichnungen nur für Zwecke des Dienstes erlaubt, so kann in der Mitnahme der Abschriften beim Ausscheiden aus dem Dienst eine vertragswidrige Handlung liegen. In weitaus den meisten Fällen ist aber die Aufzeichnung von Betriebsgeheimnissen nicht erlaubt. Ein solches Verbot kann im Dienstvertrag oder in einer zum Vertragsinhalt gemachten Arbeitsordnung ausdrücklich enthalten sein, sich aber auch ohne eine solche Hervorhebung aus dem Vertragsinhalt schlüssig ergeben; auch der Dienstvertrag ist so zu erfüllen, wie Treu und Glauben mit Rücksicht auf die Verkehrssitte es erfordern. Nicht jede Vertragswidrigkeit ist auch eine gegen die guten Sitten verstoßende Handlung. Die Anfertigung von Aufzeichnungen für den Handgebrauch kann auch dann im Einklang mit den guten Sitten stehen, wenn sie vertragsmäßig nicht zulässig ist, namentlich wenn das Verbot nicht streng durchgeführt wird; eine gegen die guten Sitten verstoßende Erlangung der Betriebsgeheimnisse liegt aber vor, wenn zugleich die Absicht verfolgt wird, sie nach dem Austritt zu Zwecken des Wettbewerbs zu verwenden. Zu beachten ist auch, daß in einer gewissen Duldung der Anfertigung von Abschriften und Aufzeichnungen noch keine solche für deren Mitnahme beim Ausscheiden aus dem Dienst zu erblicken wäre; eine solche würde sich als grober Verstoß gegen die Vertragspflicht und in der Regel auch als eine sittenwidrige Erlangung der Geheimnisse zu dauerndem Besitz darstellen. Das hat ganz besonders zu gelten, wenn das Buch, in das die

Aufzeichnungen gemacht werden, Eigentum der Fabrik ist. Handelt es sich um streng gehütete Geheimnisse, so kann die Anfertigung einer Aufzeichnung auch für Zwecke des Dienstes schon als eine schwere Pflichtverletzung erscheinen. (I, 13. Dezember 1927.)

Amtl. Sammlg. S. 418—422.

139. **Außerordentliche Schwurgerichtstagung.** (RVerf. Art. 105; GVG. §§ 16, 83.) Für eine Fememordsache wurde eine außerordentliche Schwurgerichtstagung anberaumt. Nach Eintritt in die Verhandlung beantragten die Verteidiger die Verweisung der Sache an das ordentliche Schwurgericht mit der Begründung, die außerordentliche Tagung sei nur angesetzt worden, weil die Richter des ordentlichen Schwurgerichts der Justizverwaltung aus politischen Gründen nicht geeignet erschienen seien; die Angeklagten sollten somit ihrem gesetzlichen Richter entzogen werden. Der Antrag wurde abgelehnt. Die Revision hatte keinen Erfolg. Bei der Anberaumung der außerordentlichen Tagung des Schwurgerichts und der Ernennung seiner berufsrichterlichen Mitglieder war den gesetzlichen Bestimmungen entsprochen worden. Durch den Grundsatz, daß niemand seinem gesetzlichen Richter entzogen werden darf, ist kein persönliches Recht auf den gesetzlichen Richter geschaffen worden. Wer der gesetzliche Richter ist und unter welchen Voraussetzungen und auf welchem Weg an Stelle des an und für sich zuständigen Richters ein anderer Richter gesetzt und dadurch zum gesetzlichen Richter gemacht werden darf, bestimmt nicht die Reichsverfassung, sondern das Gerichtsverfassungsgesetz. Die Entscheidung darüber, ob eine außerordentliche Schwurgerichtstagung anzusetzen ist, und die Ernennung der für sie erforderlichen Berufsrichter ist Sache der Justizverwaltung. Erforderlich ist eine besondere Schwurgerichtstagung, wenn bei Berücksichtigung der Ziele, des Umfangs und der Dringlichkeit der vor dem Schwurgericht eröffneten oder demnächst zu eröffnenden Strafsachen eine Überlastung der vorgesehenen Schwurgerichte und ihrer Mitglieder zu befürchten und infolgedessen eine sorgfältige Vorbereitung und Verhandlung dieser Sachen durch sie nicht mehr gewährleistet erscheint. Aus der Unabhängigkeit der richterlichen von der verwaltenden Gewalt ergibt sich, daß das erkennende Gericht berechtigt und

verpflichtet ist, auch die von den Organen der Verwaltung getroffenen Anordnungen auf ihre Rechtmäßigkeit zu prüfen. Die Nachprüfung hat sich allerdings darauf zu beschränken, ob die Anberaumung der außerordentlichen Schwurgerichtstagung damit begründet worden ist, daß sie erforderlich sei, oder ob sie ausdrücklich auf einen vom Gesetz nicht zugelassenen Grund gestützt worden ist. Dagegen steht es den Gerichten nicht zu, zu untersuchen, ob mit Recht eine besondere Tagung für erforderlich gehalten wurde. Ein sachlicher Maßstab hiefür ist überhaupt nicht gegeben. Die Erklärungen des Landgerichtspräsidenten und Oberlandesgerichtspräsidenten ergaben, daß von offensichtlicher Willkür oder Verkennung oder Umgehung der gesetzlichen Vorschriften keine Rede sein konnte. (II, 15. Dezember 1927.) Amtl. Sammlg. S. 423—429. Vgl. Bd. 56 S. 177; Bd. 59 S. 185; RGZ. Bd. 107 S. 315, 370.

140. Umfang der Eidespflicht. Irrtum. (StGB. §§ 59, 153, 154, 163.) In einem Unterhaltsstreit war einem Zeugen mitgeteilt worden, er solle darüber vernommen werden, ob er mit der Mutter des klagenden Kindes während der Empfängniszeit verkehrt habe. Seine Aussage lautete dahin, daß er mit der Mutter des Kindes keinen Geschlechtsverkehr gehabt habe. Sie war insoferne unrichtig, als er außerhalb der Empfängniszeit mit ihr verkehrt hatte; in dieser Hinsicht berichtigte er auch seine Aussage unmittelbar nach der Vernehmung. Wegen Meineids angeklagt berief er sich darauf, daß er angenommen habe, sein Eid beziehe sich nur auf den ihm mitgeteilten Beweissatz. Das Schwurgericht nahm an, daß, auch wenn das zutraf, nur ein unbeachtlicher strafrechtlicher Irrtum vorliege. Die Revision hatte Erfolg. Eine irrtümliche Auslegung der dem Prozeßrecht angehörenden Normen und Grundsätze über die Wahrheits- und Eidespflicht, insbesondere über die Bedeutung der Mitteilung des Beweissatzes in der Ladung und über die Bedeutung der Eidesnorm steht einem Irrtum über Tatumstände gleich; durch einen solchen Irrtum wird also die zum inneren Tatbestand des Meineids gehörende Wissentlichkeit der Eidesverletzung ausgeschlossen. So ist die Wissentlichkeit der Eidesverletzung verneint worden in einem Fall, wo ein Zeuge falsche Angaben über seine persönlichen Verhältnisse gemacht hatte und bei Leistung des Nacheides der irrigen Meinung war, diese Angaben fielen nicht unter den Eid. Wenn ein solcher Irrtum angenommen wurde, blieb noch die Möglichkeit des fahrlässigen Falscheids bestehen; dieser war aber wegen alsbaldiger Berichtigung straflos. (I, 20. Dezember 1927.)

Amtl. Sammlg. S. 430—432.

Vgl. Bd. 36 S. 1; Bd. 46 S. 140; Bd. 60 S. 407.

Gesetzesregister.

Seitenzahlen der amtlichen Sammlung.

1 1—7; **2** 7—9; **3** 9—10; **4** 10—12; **5** 12—17; **6** 17—19: **7** 19—31; **8** 31—33; **9** 34—36; **10** 36—37; **11** 37—40; **12** 40—42; **13** 42—45; **14** 45—47; **15** 47—57; **16** 58—63; **17** 63—64; **18** 65—66; **19** 67—71; **20** 71—72; **21** 72—76; **22** 76—78; **23** 78—80; **24** 81—89; **25** 89—92; **26** 92—98; **27** 98—101; **28** 101—104; **29** 104—107; **30** 107—109; **31** 109—111: **32** 112—114; **33** 114—115; **34** 115—120; **35** 120—122; **36** 123—125; **37** 126—130; **38** 130—147; **39** 147—150; **40** 150—151; **41** 151—155; **42** 156—158; **43** 159—160; **44** 161—162; **45** 162—173; **46** 174—175; **47** 175—178; **48** 179—180; **49** 180—181; **50** 182; **51** 183—186; **52** 186—191; **53** 191—194; **54** 194—197; **55** 197—199; **56** 199—202; **57** 202—207; **58** 207—209; **59** 209—210; **60** 211—224; **61** 214—216; **62** 216—217; **63** 217—222; **64** 222—224; **65** 225—226; **66** 226—228; **67** 228—234; **68** 234—236; **69** 236—238; **70** 238—239; **71** 239—242; **72** 242—258; **73** 259—264; **74** 265—268; **75** 268—269; **76** 269—270; **77** 171—271; **78** 272; **79** 273—274; **80** 275—277; **81** 278—281; **82** 281—287; **83** 287—288; **84** 289—290; **85** 291—293; **86** 293—297; **87** 297—299; **88** 299—304; **89** 304—305; **90** 305—306; **91** 307—308; **92** 308; **93** 309; **94** 310—313; **95** 313—314; **96** 314—317; **97** 317—318; **98** 318—322; **99** 322—326; **100** 326—334; **101** 334—335; **102** 336—341; **103** 341—346; **104** 346—349; **105** 349—351; **106** 351—352; **107** 353—355; **108** 355—357; **109** 357—359; **110** 359—360; **111** 360—363; **112** 362—364; **113** 364—367; **114** 367—370; **115** 370—371; **116** 371—372; **117** 372—373; **118** 374—375; **119** 375—376; **120** 376—378; **121** 379—381; **122** 382—383; **123** 383—384; **124** 384—385; **125** 385—387; **126** 387—388; **127** 388—392; **128** 393—398; **129** 399—400; **130** 400—402; **131** 402—403; **132** 403—404; **133** 404—407; **134** 407—410; **135** 410—415; **136** 415—416; **137** 417; **138** 418—422; **139** 423—429; **140** 430—432.

Sachregister.

FSC
www.fsc.org
MIX
Papier | Fördert gute Waldnutzung
FSC® C083411

Kolibri 360 GmbH
Ferdinand-Jühlke-Straße 7
99095 Erfurt, Deutschland
produktsicherheit@kolibri360.de